Como Eu Ensino

Cartografia

Como Eu Ensino

Cartografia

Fernanda Padovesi Fonseca
Jaime Oliva

Editora Melhoramentos

Fonseca, Fernanda Padovesi
   Cartografia / Fernanda Padovesi Fonseca e Jaime Oliva. São Paulo: Editora Melhoramentos, 2013. (Como eu ensino)

   ISBN 978-85-06-07161-8

   1. Educação e ensino. 2. Técnicas de ensino – Formação de professores. 3. Cartografia – Técnicas de ensino. I. Oliva, Jaime. II. Título.

13/096   CDD 370

Índices para catálogo sistemático:
1. Educação e ensino   370
2. Formação de professores – Ensino da Educação   370.7
3. Psicologia da educação – Processos de aprendizagem - Professores   370.15
4. Cartografia, Cartas geográficas, mapas – Técnicas de ensino   371.33

Obra conforme o Acordo Ortográfico da Língua Portuguesa

Organizadores Maria José Nóbrega e Ricardo Prado

Coordenação editorial ESTÚDIO SABIÁ
Edição de texto Valéria Braga Sanalios
Revisão Ceci Meira, Nina Rizzo
Pesquisa iconográfica Monica de Souza
Cartografia (mapas especiais) Eduardo Dutenkefer
Capa, projeto gráfico e diagramação Nobreart Comunicação

© 2013 Fernanda Padovesi Fonseca e Jaime Oliva
Direitos de publicação
© 2013 Editora Melhoramentos Ltda.

1ª edição, junho de 2013
ISBN: 978-85-06-07161-8

Todos os esforços foram envidados para localizar todos os detentores de direitos das imagens deste livro. Se porventura for encontrada alguma omissão, solicitamos aos eventuais detentores que entrem em contato com a editora, que terá a maior satisfação em resolvê-la.

Atendimento ao consumidor:
Editora Melhoramentos
Caixa Postal: 11541 – CEP: 05049-970
São Paulo – SP – Brasil
Tel.: (11) 3874-0880
www.editoramelhoramentos.com.br
sac@melhoramentos.com.br

Impresso no Brasil

Apresentação

De que maneira uma pessoa configura sua identidade profissional? Que caminhos singulares e diferenciados, no enfrentamento das tarefas cotidianas, compõem os contornos que caracterizam o professor que cada um é?

Em sua performance solitária em sala de aula, cada educador pode reconhecer em sua voz e gestos ecos das condutas de tantos outros mestres cujo comportamento desejou imitar; ou silêncios de tantos outros cuja atuação procurou recalcar.

A identidade profissional resulta de um feixe de memórias de sentidos diversos, de encontros e de oportunidades ao longo da jornada. A identidade profissional resulta, portanto, do diálogo com o outro que nos constitui. É coletiva, não solitária.

A coleção Como Eu Ensino quer aproximar educadores que têm interesse por uma área de conhecimento e exercem um trabalho comum. Os autores são professores que compartilham suas reflexões e suas experiências com o ensino de um determinado tópico. Sabemos que acolher a experiência do outro é constituir um espelho para refletir sobre a nossa própria e ressignificar o vivido. Esperamos que esses encontros promovidos pela coleção renovem o delicado prazer de aprender junto, permitam romper o isolamento que nos fragiliza como profissionais, principalmente no mundo contemporâneo, em que a educação experimenta um tempo de aceleração em compasso com a sociedade tecnológica na busca desenfreada por produtividade.

A proposta desta série de livros especialmente escritos *por professores para professores* (embora sua leitura, estamos certos, interessará a outros aprendizes, bem como aos que são movidos incessantemente pela busca do conhecimento) é sintetizar o conhecimento mais avançado existente sobre determinado tema, oferecendo ao leitor-docente algumas ferramentas didáticas com as quais o tema abordado possa ser aprendido pelos alunos da maneira mais envolvente possível.

Cartografia na coleção Como Eu Ensino

Neste volume da coleção Como Eu Ensino, Fernanda Padovesi Fonseca e Jaime Oliva nos tirarão da zona de conforto. Isso porque estamos de tal forma acostumados aos mapas que suas representações se tornaram naturais, e qualquer alteração em contornos ou volumes já conhecidos provocam um estranhamento imediato. Como, por exemplo, uma representação do planisfério que mostrasse o Japão no centro, em vez da Europa – esta, aliás, mais um exemplo da naturalização dos mapas. O continente europeu foi uma criação cartográfica que aprendemos a não questionar, mesmo que nenhum obstáculo natural o distinga da Ásia.

O mapa é uma linguagem, e toda linguagem é transmissora e produtora de ideologias, advertem os autores já no capítulo 1, no qual seremos apresentados à "crise do mapa", decorrente de fatores tão díspares quanto a vigorosa expansão das cidades ao longo do século XX ou a necessidade de mapear redes sob outros parâmetros que não os da representação espacial euclidiana. Em seguida, os autores mostram a evolução histórica da cartografia, dos primeiros registros ao legado de Ptolomeu, da cosmogonia medieval ao papel protagonista desempenhado por cartógrafos durante a expansão imperialista.

O capítulo 2 é dedicado às representações de mundo criadas pela cartografia e o seguinte a um aspecto pouco observado, e dos mais naturalizados nos mapas: o fundo. O capítulo 4 se debruça sobre as diversas possibilidades que a linguagem cartográfica oferece para representar fenômenos discutidos pela geografia no Ensino Fundamental. O capítulo final aponta algumas ferramentas didáticas para tratar o tema em sala de aula, como o Google Earth, e possíveis interações das artes plásticas com a cartografia, especialmente em obras de artistas fascinados por ela, como Leonardo da Vinci, Rubens e Vermeer. Trazer-nos à lembrança que mapas também são quadros, e como tal transmitem silenciosamente suas ideias e convicções, é um bom jeito de arrematar este denso e provocativo livro.

Maria José Nóbrega e Ricardo Prado

Sumário

1. Uma cartografia renovada: como ensinar 9
2. O mapa: um criador de visões ce mundo 31
3. O fundo do mapa contemporâneo: uma herança a ser problematizada 61
4. A linguagem gráfica e suas relações com a cartografia 105
5. Os desafios da cartografia num mundo em transformação 129

Referências bibliográficas 143

Sites 157

Anexo A – Mapas em cores 160

Os autores 176

Capítulo 1

Uma cartografia renovada: como ensinar

O mapa é uma presença forte no mundo contemporâneo e uma presença bastante familiar, desde há muito, no ambiente escolar. Talvez essa familiaridade tenha gerado certa acomodação em relação aos modos como os mapas são utilizados na escola. É como se eles fossem indiscutíveis e não precisassem, portanto, ser alvo de reflexão. Basta usá-los! Porém, de alguns poucos anos para cá surgiu um alerta. Os mapas escolares (e também os outros) estão merecendo revisão quanto ao modo como são concebidos e quanto aos seus resultados como representação do mundo. A suspeita é a de que eles não se renovam segundo as exigências da realidade atual e não incorporam os novos recursos teóricos e práticos que estão à disposição no ambiente científico.

O alerta já produziu alguns resultados positivos, em especial no que diz respeito ao maior cuidado que agora se tem no ambiente escolar com as práticas de construção da visão de espaço elementar e suas representações, como o mapa. Nesse campo, teve papel importante a chamada alfabetização cartográfica, que abre espaço no universo escolar para as discussões sobre o mapa e a cartografia em geral. Mas é preciso avançar mais na qualificação da cartografia escolar (e da cartografia em geral), e para isso algumas discussões teóricas são necessárias. E aí surge uma questão que pode gerar estranhamento: a acomodação existente em torno dos mapas parece fazer deles algo não suscetível às discussões teóricas. Todavia, o mundo não é fácil, e representá-lo adequadamente no presente exigirá uma reversão de hábitos. Algo que, de algum modo, este livro vai propor.

Os hábitos relacionados ao conhecimento científico são parte importante do ambiente cultural, não só internamente às disciplinas científicas, mas também da cultura em geral. Entre esses hábitos, a sensibilidade e os métodos ligados ao tempo (e às temporalidades) têm participação dominante. Essa abordagem parece tão óbvia que ideias sobre mudanças, transformações, evolução e desenvolvimento que remetem ao tempo estão "naturalizadas". É assim, porque é assim que tem que ser. Desse modo exercita-se a percepção temporal o "tempo todo" e de várias maneiras. Esse destaque não quer desqualificar a abordagem temporal do mundo real (das realidades), mas quer fazer notar que o mesmo não se dá com o espaço, mesmo que este seja visto como um par complementar do tempo.

E por que a abordagem espacial? Uma resposta exemplar vem de um célebre crítico de arte, o britânico John Berger:

> *[...] é quase impossível contar uma história direta que se desdobre sequencialmente no tempo [...] Essa consciência resulta de sermos constantemente forçados a levar em conta a simultaneidade e a extensão dos acontecimentos e das possibilidades. Há inúmeras razões para isso: a amplitude dos modernos meios de comunicação; a escala do poder moderno [...]; o fato de o mundo ter-se tornado indivisível; a desigualdade do desenvolvimento econômico [...] A profecia, agora, implica uma projeção mais geográfica do que histórica; é o espaço e não o tempo, que nos oculta as consequências [...]*[1]

Argumentando sobre a insuficiência do *olhar espacial* sobre as realidades, Edward W. Soja começa seu livro, *Geografias pós-modernas,* com um texto que pretende:

---
[1] BERGER, 1974 *apud* SOJA, 1993, p. 31.

> *[...] alterar as modalidades familiares do tempo [...] sacudir o fluxo normal do texto linear, para permitir outras conexões, mais 'laterais' [...] A disciplina imprimida a uma narrativa que se desdobra sequencialmente predispõe o leitor a pensar em termos históricos, dificultando a visão do texto como um mapa, uma Geografia de relações e sentidos simultâneos que se vinculam por uma lógica espacial, e não temporal.*[2]

Tratar um texto como mapa? Perceber relações e sentidos simultâneos típicos da lógica e do olhar espacial? E, por que não, também mapas propriamente, cujas relações espaciais já lhe são intrínsecas? Certamente a denominada linguagem cartográfica tem potencial para fazer crescer a presença da abordagem espacial nos estudos e na compreensão das realidades contemporâneas.

Mas estará a linguagem cartográfica, tanto nos meios especializados quanto no ambiente cultural mais amplo, em condições de dar sua contribuição nessa construção da abordagem espacial?

A resposta poderia ser positiva se adotarmos um critério quantitativo. Afinal, os mapas se multiplicam em todos os cenários, nos livros didáticos, na profusão de atlas, na imprensa em geral e nos meios eletrônicos, como a internet e as redes sociais. Mas quantidade não garante qualidade. Os mapas dominantes, assim como a forma de recepção da produção cartográfica, estão aquém da contribuição que poderiam dar à construção desse olhar espacial. Isso é constatável e há estudiosos que chegam mesmo a se referir a uma "crise do mapa".

---
[2] SOJA, 1993, p. 7.

A crise do mapa

Alguns comentários iniciais: o termo "cartografia" designava a ciência que estuda e realiza os mapas. Esse sentido se expandiu e atualmente cartografia é, também, a teoria cognitiva e a teoria sobre as tecnologias que reduzem a complexidade do mundo real a uma representação gráfica.[3] As imagens do mundo projetadas num plano, com símbolos aplicados, são produtos cartográficos, embora possam ser muito diferentes entre si, a começar pelas finalidades a que se destinam. Essa variação pode ir de um mapa científico altamente especializado, passando por um mapa-múndi, e chegar até um mapa rodoviário.

    O papel do mapa ao longo da história da humanidade tem sido múltiplo. Trata-se de uma projeção intelectual que ocupa um espectro que vai das atividades mais funcionais até papéis de significados políticos e simbólicos diversos. Os mapas amparam, principalmente, as atividades humanas com forte componente espacial, tais como a exploração, a guerra, o controle estatal e, também, as decisões econômicas dos empreendimentos, assim como uma série de atividades dos indivíduos, como, por exemplo, o turismo.

    Graças aos recursos de novas tecnologias, como o sensoriamento remoto e a informática, os mapas puderam ser produzidos numa grande escala quantitativa, tanto como obra original, como por meio de uma imensa profusão de cópias. Isso também possibilitou a difusão de uma cartografia nos meios eletrônicos, independente do suporte de papel.

    Essa grande presença e importância do mapa no mundo contemporâneo não impede um paradoxo no ambiente científico, mas que extravasa esse campo: existe, de algum modo, uma "crise do mapa", como

---

[3] CASTI, Emanuela. Cf. verbete *Cartographie*. In: LÉVY; LUSSAULT, 2003, p. 134-135.

já foi notado por alguns estudiosos. Um dado muito interessante e ao mesmo tempo surpreendente dessa crise é que há certa negligência nas pesquisas e discussões sobre a cartografia e seus produtos. Isso resultou na subutilização do potencial dos mapas, o que pode ter criado um caldo de cultura no qual a própria crise não é muito notada.

Mais que isso, a cartografia e os mapas adquiriram uma identidade meramente prática – e técnica. Ou seja, pensamento teórico e reflexões foram abolidos do seu campo, com base numa das ilusões mais comuns e ingênuas que ainda circulam nas áreas do conhecimento elaborado: a de que a prática resolve e a teoria é inútil. Isso explica a ausência de textos teóricos sobre cartografia e, também, a resistência de seus praticantes à leitura de textos teóricos.[4]

Todavia, há um crescimento dos alertas sobre essa subutilização, sobre a falta de pensamento teórico e sobre diversas questões que estão levando à crise do mapa. Jacques Lévy, de modo convergente com muitos dos "cartógrafos críticos", detecta quatro aspectos da "crise do mapa":

1. Condição de veículo ideológico associado à geopolítica e aos poderes hegemônicos.

2. Dificuldades no domínio das informações reduzidas.

3. Concorrência de outras mídias de alto teor tecnológico.

4. Incompatibilidades do espaço euclidiano (a submersão das cidades e das redes).[5]

---

[4] Uma das características mais impressionantes dos cursos de cartografia no Ensino Superior do Brasil é a frequente ausência de bibliografia, que, no caso, é substituída por uma lista de tarefas práticas no desenvolvimento do conteúdo.
[5] *Carte*. In: LÉVY; LUSSAULT, 2003, p. 128-132.

Este livro tratará, ao longo de seus capítulos, vários aspectos e implicações desses quatro aspectos da "crise do mapa", mas de início algo já pode ser dito. O mapa é uma linguagem e toda linguagem é, entre outras coisas, transmissora e produtora de ideologias. A crítica que o mapa sofre por conta desse papel tem sido ferrenha. Denunciam-se os métodos fraudulentos e interessados na sua produção ocultados por posturas pseudocientíficas, e também sua eficiência em enganar por conta do efeito de verdade que a imagem possui. Esse papel ideológico aparece nas questões geopolíticas, no planejamento, nas políticas de Estado, nas ações dos grandes empreendimentos etc.

Outra questão da crise do mapa diz respeito à surpreendente negligência diante da necessidade de se aprofundar na compreensão e nos efeitos da linguagem cartográfica, no domínio de suas técnicas e no alargamento indispensável de suas possibilidades de representação e interpretação das realidades em transformação.

Na contramão de seu potencial, as contribuições que os mapas trazem atualmente à vida social são menores do que as dificuldades para usá-los e para controlá-los. Um sintoma é o contraste entre o acréscimo extraordinário das mobilidades dos grupos humanos e indivíduos e o tímido crescimento do uso do mapa na vida social. O mapa parece inútil diante de outras mídias como os dispositivos que integram o GPS (Sistema de Localização Planetário), que difundem informações precisas (no sentido consagrado na cartografia) e *on-line*, ou as imagens do Google Earth.

Do ponto de vista científico, há que se reconhecer que vários fenômenos de suma importância são muito mal representados no mapa. Dois exemplos ilustram esse problema:

- **A atrofia das cidades e do mundo urbano:** as cidades e sua representação nos mapas mostram incompatibilidades geradas pelo tipo dominante de "opção espacial" das representações cartográficas. Esse tipo estrutura-se com base na geometria euclidiana, que resulta numa maneira de perceber, medir e conceber o espaço. Trata-se do espaço euclidiano, que, embora seja uma das possibilidades de apreender o espaço, é tratado como a única. Porém, não é a única geometria possível, e isso já está estabelecido:

Quando [...] comparamos a geometria clássica ou geometria euclidiana (que opera com o espaço plano) e a geometria contemporânea ou topológica (que opera com o espaço tridimensional), vemos que não se trata de duas etapas ou de duas fases sucessivas da mesma ciência geométrica, e sim de duas geometrias diferentes, com princípios, conceitos, objetos, demonstrações, completamente diferentes.[6]

Para além disso, o espaço euclidiano é tido como o espaço real, num clássico procedimento de naturalização do conhecimento: o conceito e a realidade externa se fundindo, ou, pior, o conceito sufocando a realidade, de modo que esta fique obscurecida. Ora, as cidades são espaços densamente povoados, produtos da incrivelmente engenhosa e complexa ação humana, mas que, do ponto de vista da geometria euclidiana, significam concentração e quase "eliminação de espaço". Assim, quando representadas em mapas regionais (escala dominante no mundo dos mapas), as cidades são reduzidas a pontos.

As cidades exigem um recorte com base em outros critérios para não serem visualmente submergidas

---
[6] CHAUÍ, 1995, p. 257.

pelas extensões vazias. A rigor, esse tipo de mapa está submetido à extensão, algo que a geometria euclidiana impõe, e não à concentração, como já foi notado. Os mapas dominantes escondem o mundo urbano, concentrado, pleno de objetos e relações intensas e mutantes, que são os verdadeiros espaços onde vive a maioria da população. O interessante é que nos primórdios da cartografia as cidades eram muito representadas, algo que no presente não acontece da forma necessária, a despeito de o mundo ser dominantemente urbano.

- **A incapacidade de incluir as redes geográficas:** a complexidade (e a intensidade) da ação humana produz espaços de vida com lógicas distintas: há tipos de espaços. Por vezes, esses tipos se opõem e concorrem entre si. Suas lógicas são muito distintas. É possível se referir a espaços onde dominam a contiguidade e a continuidade. Mas há também, e com importância crescente, espaços que não se estruturam de forma contígua, pois são constituídos de pontos (ou áreas) distantes uns dos outros. Ou seja, há lacunas entre esses pontos, mas eles compõem um único espaço, pois, embora não possuam continuidade, possuem articulações por meio de diversas ligações.

Ora, pontos e ligações (articulações, linhas) remetem à figura da rede, e, no espaço, a uma rede espacial (ou geográfica). As redes não são bem apreendidas pela geometria euclidiana. A forma lógica de medir as distâncias entre seus pontos exige outros critérios não muito compatíveis com as representações euclidianas. Ocorre que na vida real o denominado processo de globalização, assim como muitas características de grande importância na organização da economia, dos espaços urbanos, dos espaços humanos em suma, se estruturam de modo reticular (em rede) e, de fato, a cartografia no seu estágio atual não possui flexibilidade e nem repertório para a representação construtiva dessas novas espacialidades. Quer dizer: que prestígio e importância terão a cartografia e os seus mapas, se os fenômenos espaciais mais importantes do mundo contemporâneo não puderem ser representados?

A questão é que o mapa está naturalizado. O mapa permaneceu o mesmo, apesar das mudanças espaciais. Nos mapas entram apenas os mundos que uma cartografia tradicional permite, e no meio acadêmico brasileiro, bem como no ambiente escolar, se reproduz essa postura quase sem contestação. O mundo está pleno de mapas, mas trata-se de uma plenitude sem diversidade e sem crítica. É preciso tirar o mapa do seu cenário de ilusões e tratá-lo com mais consciência. Isso tornará possível

> [...] estudar como os mapas podem se materializar e se difundir em contextos diferentes, sondar suas condições de possibilidade (ideológicas, cognitivas, tecnológicas, técnicas) e seus efeitos de realidade, é o caminho das pesquisas de maior importância, como mostra o trabalho de Denis Cosgrove sobre as novas representações da Terra.[7]

Representação e linguagem: a "gramática" da cartografia

Um mapa é uma representação. Isso diz alguma coisa, mas não diz tudo. Em cartografia, o que domina é a ideia de representação como uma cópia do objeto representado, como expressão da verdade: "Exige-se

---

[7] LÉVY; LUSSAULT, 2003, p. 486-487. (Trecho traduzido pelos autores.)

de um produto moderno de cartografia que apresente informações objetivas a respeito da realidade concebida em relações espaciais, de maneira verdadeira e eficaz"[8].

No entanto, ao abrirmos a discussão sobre o que são as representações nos campos do saber e da cultura, nada é consensual. Os sentidos de representação costumam se opor radicalmente. Há, por exemplo, a compreensão de que as representações são criações, construções com funções cognitivas importantes, mas que, mesmo sob a capa protetora da ciência, não se livram das subjetividades e estão sempre distantes da realidade representada. Aliás, as representações são outras realidades.

Representar é prática do mundo das linguagens. Esse é um entendimento diferente, sugerido pelas discussões dominantes no campo da cartografia, em que a linguagem tem tratamento marginal[9]. Na filosofia não há quase nenhuma distinção entre a noção de representação e signo. E signo remete à linguagem.[10] Para Charles S. Peirce, conhecer um signo é, ao mesmo tempo, conhecer outra coisa.[11] Kant, por sua vez, estabeleceu um significado bem genérico: representação seria um gênero de todos os atos ou manifestações cognitivas, e, importante: independentemente de sua natureza de semelhança. Esse entendimento ganhou prestígio.[12]

---

[8] KOLACNY, 1994, p. 4. Esta posição atualmente é alvo de contestação: "Os vigilantes da cartografia defendem a ética da precisão com um fervor ideológico. A linguagem da exclusão é um 'rosário' de oposições 'naturais': verdadeiro e falso, objetivo e subjetivo, literal e simbólico etc; os melhores mapas sendo aqueles que dão numa imagem plena de autoridade se impondo nele mesmo, para ele mesmo". (HARLEY, 1995, p. 68). (Trecho traduzido pelos autores.)
[9] Visto que a linguagem seria um campo da arbitrariedade e da subjetividade, admitir que a cartografia é linguagem seria minorá-la, como sendo não científica. Daí advém a rejeição.
[10] ABBAGNANO, 1998, p. 853-854. Ver verbete "Representação".
[11] ABBAGNANO, 1998, p. 894-896. Ver verbete "Signo".
[12] ABBAGNANO, 1998, p. 853-854. Ver verbete "Representação".

A ideia de representação produz confusões quando associada à imagem. Por exemplo: representações que usam imagens são produtos da imaginação e/ou do imaginário? Mas não se vai longe com essa indagação porque definições de imagem tratam-na como algo que se aproxima da realidade, que se assemelha à realidade. Se tomarmos como referência as representações que fazem uso da imagem (no sentido restrito de visual), a visão reprodutora predominou largamente. Como exemplo, poderíamos citar o figurativismo nas artes plásticas, que é uma modalidade de representação por semelhança, que procura ser um duplo do objeto[13].

O que importa reter é que as representações nos fazem ver, imaginar, significar por meio delas. As representações, os signos e as imagens podem ser inconscientes, espontâneas, mas podem ser controladas e realizadas de modo consciente. Poderia se pensar que a representação inconsciente seria aquela que cria e a consciente a que busca a verdade perfeita do objeto. Porém, qualquer exame rápido sobre a história das ciências demonstra que muitas conquistas do conhecimento foram obtidas por meio de representações inventadas, que supunham como seria a realidade integral de um fenômeno apenas parcialmente conhecido. E por meio dessas representações criativas guiavam e ajustavam os caminhos de seus estudos.

Em geral, representações que se pretendem científicas, como os mapas ou as fotografias, se enquadram na categoria das *representações objetivistas*. Por outro lado, a concepção construtivista admite

---

[13] Giulio Carlo Argan constrói uma argumentação sagaz num de seus textos, que termina por demonstrar que a representação figurativista, em seu esforço por mimetizar a realidade, não consegue deixar de ser outra coisa. Logo é, nesse sentido, irreal, uma abstração quando comparada ao real. Enquanto o concreto na arte, conclui Argan, é a denominada arte abstrata, que não representa nada. Ver "Introdução a Wright". In: ARGAN, 2000.

que as representações configuram, e até mesmo "fabricam", os objetos dos quais tratam. Que eles não eram preexistentes, pois foram construídos segundo a organização e o sentido das representações. A concepção construtivista de representação leva-a em conta não só como produto final, mas no seu papel na produção de novos conhecimentos e novas representações, assim como nos seus "impactos" no contexto histórico-social.

Há outro aspecto que diferencia as representações. Algumas delas já compõem de tal modo a realidade, estão tão naturalizadas, que nem percebemos mais que são representações. Esse é o caso, por exemplo, das línguas "naturais", que são manifestações regionalizadas da linguagem verbal. As naturalizações das representações argumentam contra certas crenças dos objetivistas. As próprias ciências são representações da realidade, e não a realidade, como ingenuamente muitos pensam. A construção de novos objetos, que são as representações, por meio da subjetividade humana, é um dos elementos da formação do conhecimento humano e de formação das visões de realidade.

A condição intercambiável entre linguagem e representação coloca a discussão das representações cartográficas nos campos profícuos da filosofia, das ciências e das discussões sobre as linguagens. E o dominante nesse campo é a constatação de que as linguagens são representações sistemáticas de grande complexidade, que constituem as relações intersubjetivas. As linguagens não apenas identificam objetos já existentes, elas fazem vir ao seio das relações intersubjetivas configurações do mundo real, que são representações construídas, o que significa que, em alguma medida, elas produzem o mundo:

> *No que tem de universal, a identidade pessoal de um indivíduo ou de um povo é, antes de tudo, uma identidade gramatical [...] onde o espírito é formado com as distinções de pessoa, de tempo, de modo, de voz [...] que estabelece a medida do comunicar com os outros num meio que ultrapassa em muito o contexto singular de sua cultura e de sua língua [...] Ele [o meio gramatical] é tão essencial à nossa condição, nos é, de algum modo, tão íntimo, que se confunde com a arquitetura do mundo no qual vivemos [...] antes de ser um fenômeno linguístico, a gramática reveste-se de uma significação ontológica.*[14]

À vasta elaboração sobre as linguagens verbais não corresponde uma produção equivalente sobre as linguagens visuais, conjunto onde se insere a linguagem cartográfica. Comparações das estruturas próprias da linguagem verbal com a linguagem visual podem beneficiar o entendimento desta última. Um aspecto que surge dessa comparação é que, quanto à linguagem verbal, não há dúvidas sobre o seu papel construtivo de realidades. Mas será que o mesmo pode ser dito da linguagem visual, da linguagem cartográfica, no caso? O historiador Jacques Revel descreve a função produtiva da linguagem cartográfica na visão territorial da França no século XV:

> *Pouco a pouco, a imagem gráfica impõe-se como uma percepção do território. Não inventa o sentido do espaço, mas dá-lhe uma forma – perceptiva, conceitual, técnica – que acaba por parecer indissociável da própria espacialidade.*[15]

Exemplos do gênero poderiam se multiplicar.

---
[14] FERRY, 1991, p. 9. (Trecho traduzido pelos autores.)
[15] REVEL, 1989, p. 141.

A noção de imagem tem um sentido largo, quase sinônimo de representação e signo. Contudo, ela pode ser tomada de modo mais restrito, apenas no domínio do visual. Nesse sentido é um signo não verbal. Um mapa é uma imagem visual complexa, carregada de signos não verbais que estão estruturados como sistema. Logo, o mapa é uma peça comunicativa, ele é linguagem.

Na teoria dos signos (a semiótica de Charles Peirce) há um acordo geral sobre o *status* dos mapas e sua necessária correspondência com o mundo real. Peirce divide a classe global de ícones (signos visuais) em três subdivisões: imagem, diagrama e metáfora. Mapas, nos termos dessa análise, seriam diagramas, que não reproduzem as "qualidades simples" de seus referentes [figurativismo], mas que representam "as relações [...] das partes de uma coisa por relações análogas com suas próprias partes".[16]

Essa forma de abordagem dos signos não verbais (enunciado icônico, na linguagem de Peirce) como linguagem é aplicável ao vasto domínio de todos os dispositivos visuais, tais como mapas, croquis, paisagens, pinturas, desenhos, planos de urbanismo, materiais publicitários, instalações diversas etc. E possibilita inquirir sobre o papel da visão na construção da realidade social.

Algo a mais precisa ser afirmado: as imagens visuais são espaciais, pois realizam-se no espaço. Enquanto a linguagem verbal se realiza no tempo, sendo assim, temporal. Parece atraente estabelecer uma confrontação a partir de uma questão-chave que envolve tanto o tempo quanto o espaço: ser ou não ser sequencial (ou temporal).

---

[16] BANN, 1994. (Para Charles S. Peirce, o ícone de tipo imagem é a figura, e por isso o mapa é um ícone do tipo diagrama, pois não é exatamente uma figura. In: PEIRCE, 2003.)

		Verbal	
		Sim	**Não**
Sequencial	**Sim**	Discursos verbais (orais e escritos)	Música, matemática, filmes, quadrinhos
	Não	Esquemas, organogramas, figuras verbais-gráficas	Pinturas, fotografias, figuras não verbais, cartas topográficas[18] e mapas

Quadro 1. Uma classificação elementar das linguagens. LÉVY, 1999, p. 174. (Trecho traduzido pelos autores.)

É importante notar onde se enquadram os mapas: na célula não verbal/ não sequencial (NVNS). A linguagem verbal, por sua vez, é sequencial, pois o sentido de um texto se constrói em sucessão, no tempo (o que vem antes e o que vem depois). Logo, é uma linguagem diacrônica, uma evolução dos fatos linguísticos numa sequência temporal. E as linguagens não verbais são ou não sequenciais? Tanto podem ser como podem não ser. As linguagens não verbais e não sequenciais são justamente aquelas representadas pelas imagens espaciais; os mapas, por exemplo. As linguagens não verbais e não sequenciais (NVNS) são sincrônicas, pois dizem respeito à evolução dos signos linguísticos no espaço. Pode-se falar nesse caso de uma "leitura espacial", que a rigor não é um "ler", é um "ver".

Mais um quadro pode ajudar a explicitar as distinções entre a linguagem textual-escrita e as linguagens não verbais e não sequenciais.

---

[17] A expressão "carta" é a tradução literal do francês *carte*, que quer dizer "mapa". Essa palavra ficou, no Brasil, acoplada a um tipo de mapa: a carta topográfica.

	VS	**NVNS**
Abrangência	Localizada	Universal
Variação semântica	Elevada	Restrita
Modalidade	Diacrônica	Sincrônica
Informações	Múltiplas e ilimitadas	Seleção restrita
Forma de apreensão	(Ler) Leitura temporal	(Ver) Visualização espacial
Apreensão	Lenta e única	Rápida e múltipla
Postura do "leitor"	Mobilização forte	Da extrema concentração à grande passividade
Adequação	Sequencialidade	Simultaneidade
Produto	Análise	Síntese
Poder de persuasão	Estabelecido historicamente	Crescente
Efeito construtivo	Naturalizado	Naturalizado

Quadro 2. Linguagens VS (verbais sequenciais) e NVNS (não verbais e não sequenciais). **Fonte**: FONSECA, 2004, p. 205.

É fundamental ter em conta as diferenças entre a linguagem verbal e a linguagem visual (NVNS), para impedir que o dominante (verbal-sequencial) ofusque o papel da imagem e que seu potencial não seja aproveitado plenamente. Quais seriam as potencialidades da linguagem visual que a imagem espacial representa? Elas podem ser detalhadas quanto à sua aplicação conforme o esquema a seguir:

	"Figurativo"	Analógico	Simbólico	Abstrato (autorreferente)
Exemplos entre as NVNS	Fotografias e algumas pinturas	Cartas topográficas e mapas	Figuras, ícones	Pintura "abstrata"

Quadro 3. Do figurativo ao abstrato: as possibilidades da imagem. LÉVY, 1999, p. 175. (Trecho traduzido pelos autores.)

Dispostas à esquerda encontram-se as representações que mimetizam o objeto representado, como a fotografia e as formas clássicas de pintura. Na extremidade da direita há a imagem abstrata, que na verdade não possui um referente que não seja a própria subjetividade (autorreferência) do autor. Por isso, esse tipo de manifestação sai do registro da comunicação caso se queira ver por meio dela alguma outra coisa. Nas posições intermediárias, encontram-se:

- O elemento simbólico do esquema que se aproxima do polo extremo do abstrato. Representa, na realidade, uma desfiguração, cada vez mais afastada da realidade exterior. Os símbolos são convencionais e seu significado é gerado pelo uso exaustivo cultural, tais como vários dos símbolos usados na sinalização de trânsito. Também são símbolos os signos e os significantes da linguagem textual-sequencial.

- Na outra posição intermediária (o analógico) situam-se as representações cartográficas. A rigor, os mapas são os melhores exemplos de analogia. A analogia escapa do figurativismo, mas mantém ainda algumas similaridades entre representação e representado. Na relação analógica reencontra-se, mesmo que parcialmente, a lógica do referente, de onde há a possibilidade de uma leitura mais imediata, mais automática, mais intuitiva, a partir do estágio em que se controlam algumas regras de construção.

Os mapas, por serem espaciais, funcionam em alguma medida com a mesma lógica do espaço a ser representado. Note-se, ainda, que a colocação do analógico ao lado do figurativo mostra a ligação que aquele ainda mantém com o figurativo e as percepções visuais básicas.[18]

O que é o discurso das linguagens não verbais e não sequenciais no campo das ciências ou no campo de outra narrativa, com elaborações organizadas com algum rigor? A linguagem visual (NVNS) tem a capacidade de produzir comunicação instantânea, e essa é uma de suas características fundantes. Porém, para responder à questão sobre o papel dessa linguagem num discurso organizado, é preciso identificar a posição das imagens numa estrutura de enunciados; um livro didático escolar, por exemplo, que é um gênero que lança mão de múltiplas linguagens, entre elas as visuais.

---

[18] Tradicionalmente, nota-se que a cartografia faz uso de muitos signos convencionais (símbolos), o que um tratamento melhor da linguagem deveria evitar. Num mapa construído com símbolos, a dimensão analógica fica por conta do espaço euclidiano, mas, na verdade, representa apenas um tipo possível de analogia com o espaço real, como já foi discutido anteriormente.

Posição	Função
Simples "ilustração"	Tradução o mais fiel possível do texto verbal, sem contribuição própria; função pedagógica (aumentar a comunicabilidade do texto verbal)
Polo consistente do discurso	Contribuição própria e diversa: diz o que o texto verbal não pode dizer

Quadro 4. Posições que as imagens podem ocupar numa estrutura de enunciados. FONSECA, 2004, p. 207.

Não há discurso das imagens caso elas sejam reduzidas à condição de simples ilustrações. O que, por vezes, ocorre com os mapas. Construir um discurso das imagens que ultrapasse a dimensão de simples ilustração não é algo fácil.[19]

Qual a eficácia prática da linguagem não verbal e não sequencial? Que efeitos ela produz? As pesquisas sobre a linguagem visual em planejamento, urbanismo, arquitetura – domínios onde se manifestam claramente as ligações entre imagens, atos e as realidades construídas –, são desde os anos 1990 as mais propícias para as reflexões sobre os poderes da imagem espacial.[20]

Segundo as conclusões dessas pesquisas, o sucesso e a eficácia dos documentos visuais emanam de três "poderes" essenciais:

- Eles constituem instrumentos de dominação do espaço por sua atitude de reduzir radicalmente sua complexidade, com suas "estratégias" de generalização, tal como foi mencionado a respeito da formação dos espaços nacionais.

---

[19] Uma imagem pode até conter elementos verbais no seu corpo, como acontece com muitos mapas, porém com a condição de que eles se encontrem numa posição subordinada, incapazes de impor ao leitor a obrigatoriedade da leitura sequencial.
[20] LÉVY; LUSSAULT, 2003, p. 485-489. Ver verbete *Image*.

- Elas se beneficiam do efeito de verdade próprio da imagem, em vista da credibilidade da percepção visual: "... não me contaram, e eu não li, eu vi".

- No caso particular das imagens "planejadoras" (do planejamento), a figuração permite uma "representação perfeita", uma simulação concreta – visto que o referente ainda não existe – da virtualidade espacial projetada.

A perspectiva geral deste livro será a de descrever e discutir a crise do mapa tendo em conta uma hipótese principal, que já foi enunciada neste primeiro capítulo: parte importante dessa crise deve-se a um forte processo de naturalização do mapa, que deixou de ser visto (ou nunca mais foi visto) como linguagem, o que pode ter tornado desnecessária a crítica à sua produção e às suas soluções. Afinal, sua aura científica dispensaria essa crítica.

Contrariamente ao que se tornou dominante na cartografia, a ideia principal do livro será a de investir na desnaturalização da cartografia e dos mapas em geral, focando no papel construtivo dos mapas. Entende-se que, ao mesmo tempo, eles incorporam a cultura do seu tempo e se transformam em interventores nos ambientes culturais onde repercutem. Esse papel é surpreendente e pode ser visto historicamente. No capítulo 2, "O mapa: um criador de visões de mundo", pretendemos dar mostras desse papel, que atinge seu apogeu na constituição do modelo de cartografia (e de mapa) que se tornou dominante até nossos dias. Outra dimensão da desnaturalização do mapa será a desconstrução do fundo do mapa, espécie de eminência parda de sua comunicação, que precisa ser trazido à luz do dia, para que repensemos alguns elementos pétreos da cartografia que se chocam com vários imperativos contemporâneos das realidades a serem representadas. O capítulo 3, "O fundo do mapa contemporâneo: uma herança a ser problematizada", como já mostra o título, foi um empenho na direção de discutir o tema. A naturalização do mapa, além dos problemas estruturais, tem como um dos seus piores efeitos colaterais o descuido com a linguagem cartográfica, que se expressa como uma acomodação convencional que desperdiça o enorme potencial da linguagem gráfica codificada por um grande cartógrafo, Jacques Bertin. No capítulo 4, "A linguagem gráfica e suas relações com a cartografia", debatemos o uso dessa linguagem (a semiologia gráfica) e sua aplicação numa galeria de tipos de *mapas para ver*. Essas tentativas de desnaturalização da cartografia visam a uma revisão crítica, que permita identificar os aspectos dessa linguagem que precisam ser renovados. Assim, o livro se encerra com o capítulo 5, "Os desafios da cartografia num mundo em transformação". Não se trata de discussões exclusivamente acadêmicas, mas de problematizações factíveis e necessárias de serem pensadas, já nesse momento, para o ambiente escolar, talvez a maior vítima de uma cartografia naturalizada, que cria visões de mundo incompatíveis com as necessidades de formação dos estudantes.

Capítulo 2

O mapa: um criador de visões de mundo

Este título pode parecer estranho se o que se pensa dos mapas é que eles retratam os fenômenos territoriais apresentando visões realmente existentes em sua localização topográfica precisa. Todavia, ao percorrer a história da cartografia (inclusive a contemporânea), não é difícil identificar esse poder de "criar visões de mundo" que os mapas, enquanto representações, possuem. Não há novidade nessa afirmação. Há uma vastíssima bibliografia que demonstra o papel criativo das representações que incidem sobre as realidades representadas.[21]

É óbvio constatar, mas vale a pena alertar, que as representações não são cópias da realidade. Elas são instrumentos que nos colocam em contato com diferentes realidades, e isso sempre pode ser feito de diversas formas, e não apenas de uma forma. Porém, sempre há o risco de se perder essa relação caso as representações substituam as ocorrências reais que representam ou se fundam a elas. Com os mapas – representações visuais de realidades – esse risco é muito grande. Entre outros motivos, porque as representações visuais (a fotografia, por exemplo) se beneficiam de uma maior suposição de verdade.[22]

Nem é preciso buscar exemplos sutis e complicados para demonstrar o que está sendo afirmado. É só considerar este mapa tão familiar, o planisfério[23], que se estende sobre um plano, situando a Europa em seu centro, a América do Sul e o Brasil a oeste, o Japão e a China a leste, e perceber o quanto para

---

[21] GINZBURG, 2001; MONDADA, 2003; entre outros.
[22] LUSSAULT, 2003; XAVIER, 2003.
[23] Neste texto optamos por usar a definição "planisfério" com o mesmo significado que "mapa-múndi".

nós ele realmente representa a realidade da superfície terrestre. Isso a despeito de o planeta ser esférico, o que impede que identifiquemos um centro e muito menos posições fixas, como leste e oeste. Na verdade, o planisfério não passa de uma metáfora gráfica da superfície do planeta. Quando o senso de realidade for perturbado por essa afirmação, isso significará que a representação substituiu a realidade ou fundiu-se a ela.

O planisfério não apenas nos faz admitir que o planeta é plano, quando na realidade é esférico. Também nos faz ver dois continentes (Europa e Ásia) em que há apenas um bloco continental contínuo. E, por vezes, nos faz ver uma América onde há dois imensos blocos continentais. Isso não desqualifica a importância dos mapas para o entendimento das realidades. Mesmo porque o mapa (tal como outras linguagens visuais) é uma linguagem inerente à própria condição humana. O objetivo neste capítulo é, justamente, restituir ao mapa sua condição de linguagem e representação, e, assim, restabelecer seu papel cognitivo. A contrapartida é a desconstrução do seu *status* de realidade, desnaturalizando aquilo que parece tão natural, porém criado pela história e cultura das diversas sociedades humanas.

A cosmogonia e sua presença nos mapas contemporâneos

É comum se pensar que, diferentemente dos planisférios do passado, os planisférios contemporâneos representam a superfície terrestre tal como ela é realmente. A Terra ficou toda conhecida. Atualmente encontram-se à disposição dos cartógrafos recursos tecnológicos, como as imagens de satélites, que permitem que a Terra seja diariamente observada em sua integralidade e que suas localizações e detalhes sejam minuciosamente precisos. Desse modo, não faria sentido afirmar que a cartografia, por meio dos planisférios, cria visões do mundo. Esse entendimento, que parece se curvar à obviedade dos fatos, resulta de uma visão que crê no progresso científico linear dos mapas, que, por sua vez, removeu erros e crenças do passado, colocando em seu lugar a verdade científica, uma espécie de *verdade cartográfica*, cuja substância é a tecnologia.

A suposição cientificista vê o mapa científico como uma janela transparente e como um objeto de precisão universal. A precisão é entendida como a aplicação do sistema métrico sobre a geometria euclidiana – como se essas elaborações não fossem também construções históricas. De acordo com essa visão, os mapas se qualificam segundo maior ou menor proximidade com uma *verdade topográfica*.[24]

Uma rápida análise dos planisférios contemporâneos mais familiares pode abalar essa crença, pois eles, tal como afirma o geógrafo Christian Grataloup, conservam os traços de suas origens antigas e medievais.[25] Por trás do discurso e das técnicas científicas que os envolvem, antigas cosmogonias, assim como opções histórico-políticas, ainda podem ser percebidas. Como se trata de construções históricas e culturais feitas pelo homem, as interpretações bem poderiam ter sido outras. O que importa assinalar aqui é que esses elementos aparecem nos mapas como criadores de visão de mundo, assim estão longe de conter a objetividade pretendida pelo discurso do progresso científico contínuo.

Nos mapas contemporâneos, um bom exemplo da permanência de fatores culturais construindo visões

---
[24] HARLEY, 2005, p. 60.
[25] GRATALOUP, 2009 (livro excelente, de título sugestivo e provocador: *L'invention des continents*).

de mundo é o fato de a Europa se encontrar predominantemente no centro dos planisférios. Isso demonstra o quanto essa centralização foi *naturalizada*, quer dizer transformada em natural, inevitável, pura constatação da ciência. Tamanha é essa naturalização que os manuais escolares europeus afirmavam, sem medo do ridículo (isso na virada do século XIX para o XX), que a Europa era o "lugar mais civilizado do mundo" porque se situa no centro das terras emersas e nas zonas temperadas.[26]

Como mostra o mapa japonês da figura 1 (p. 161), o centro e os pontos cardeais leste e oeste são posições escolhidas no momento de se projetar a superfície curva da Terra no plano. No entanto, o que foi uma escolha cartográfica transforma-se numa realidade que permite conclusões etnocêntricas, longe ainda de serem extirpadas do senso comum ocidental. Evidentemente as ações coloniais europeias estão implicadas nessa visão de mundo. O que espanta é algo com essa história e motivação permanecer incólume e cristalizado no planisfério contemporâneo, protegido pela aura científica.

Mas, afinal, o que é uma cosmogonia? Admite-se que nenhum grupo social humano existe (ou existiu) sem a construção de uma visão conjunta do Universo, do que cada grupo pensa ser o Universo. A cultura grega antiga nos legou a palavra *kosmo* em oposição a *caos*. As narrativas de todos os tipos (mitológicas e religiosas, inclusive) sobre a ordenação de mundo dos grupos sociais constituem suas cosmogonias. Muitas dessas narrativas tiveram uma expressão gráfica e até viraram mapas, como os mapas medievais T em O, que procuravam expressar qual era a ordem do mundo (como veremos mais adiante). O que demonstra que fazer mapas para as sociedades

---

[26] GRATALOUP, 2011, p. 9.

humanas sempre foi algo necessário e indissociável das diversas visões de mundo que elas inevitavelmente constroem.

Mesmo depois de estabelecida a importância dos chamados mitos na construção cultural e histórica de todos os grupos sociais humanos, a palavra "mito" ainda padece de significados pejorativos, que a relegam à condição de veículo de histórias fantasiosas, primitivas e falsas. Todavia, é mais procedente encarar os mitos como matéria-prima das cosmogonias, pois vários deles estão a serviço da construção de visões de mundo. Isso tanto no caso dos hopis, povo indígena dos atuais Estados Unidos, para os quais antes de existirem as formas e a ordem havia apenas um nada, quanto para os grupos cujos quadros culturais estariam na fundação da civilização ocidental, como a cultura da Grécia antiga[27].

O fato é que as cosmogonias da Grécia antiga, assim como a da cristandade, impregnam várias de nossas representações contemporâneas, inclusive os planisférios. É interessante notar que a cosmogonia grega narra que na formação do *Kosmo* (a ordem), até mesmo o espaço e o tempo vão surgir, já que na condição do *caos primordial* eles não existiam. A separação de Urano (o Céu) de Gaia (a mãe Terra) vai dar ensejo ao espaço. A possibilidade de as divindades (filhas de Urano com Gaia) usufruírem sua existência será o tempo.[28] O quanto isso se assemelha à moderna Teoria da Relatividade, que revolucionou a leitura do ser humano sobre seu universo físico, é de espantar.[29]

---

[27] A presumida ancestralidade da Grécia remota no cerne da nossa civilização nos faz ver uma antiguidade. Porém, todos os questionamentos sobre essa forma de recortar o tempo e sobre o uso abusivo dessa periodização indicam que é prudente restringir o alcance espacial desse recorte temporal ao contorno do Mediterrâneo, quer dizer, ao pequeno cabo ocidental da Ásia que é a Europa.

[28] VERNAND, 2000.

[29] A teoria do Big Bang descreve que há 18 bilhões de anos teria havido uma grande explosão de um material concentrado. Ao explodir, os pedaços desse "ovo" foram se espalhando e formando o espaço – esse movimento que ainda não terminou é o tempo. O espaço e o tempo têm também, nesse caso, data de nascimento.

Essa cosmogonia grega amalgamada a toda a produção dos sábios dessa civilização é facilmente identificada em sua astronomia e na astronomia contemporânea, na história, na geografia e na cartografia atuais, assim como em diversas línguas (por exemplo na nomeação dos dias da semana). Do mesmo modo, a influência cristã está presente nos planisférios contemporâneos. Os continentes, que não são naturais, se cristalizaram como segmentos da superfície terrestre e, enquanto nomes, a partir da narrativa bíblica da Arca de Noé. A própria esfericidade do nosso planeta já estava dada nas filosofias e crenças dos egípcios e, depois, dos gregos, não como fruto de observações empíricas, e sim como uma imagem de necessária perfeição. O Universo era pensado como um composto de esferas que convergiam com o foco na Terra.

Os mapas e sua complexa funcionalidade para a história humana

Além das motivações para criar cosmogonias que vão impregnar os mapas de diversas formas, os grupos sociais humanos sempre desenvolveram várias formas de representações visuais. Muitas, anteriores à escrita. A finalidade era a vida prática. Isso desde os pequenos grupos e tarefas cotidianas até as grandes organizações sociais e políticas do mundo antigo e moderno, como os impérios e os Estados-nação. Os mapas foram produzidos tanto para sedimentar os caminhos mais corriqueiros da vida comum quanto para estados imperiais e colonizadores empreenderem suas conquistas.

Memorizar um itinerário, poder indicá-lo, transmiti-lo, já é um tipo de cartografia. Quando os caminhos, a lógica das correntes marinhas, a divisão de terras, os limites de campos de caça – não puderam mais ser reproduzidos como um saber apenas contido na memória das relações sociais, houve a necessidade de representar esses saberes em objetos externos e dar-lhes expressão visual. Esses itinerários viraram mapas de diversos formatos. O mapa, nesse sentido, resulta da complexização social, tal como as outras linguagens, e pode ser visto como algo inerente à condição humana.[30]

Certamente, os grupos sociais mais antigos desenharam muito sobre areia e argila, nas paredes das cavernas, em pergaminhos (de couro de animais), sobre as rochas, papiros etc., mas muito pouco de tudo isso sobreviveu. Porém, há registros e documentos exemplares que justificam o entendimento apresentado, como o mapa de Bedolina[31], que dava visualidade à ordem espacial de uma aldeia.

Provavelmente, a função do mapa de Bedolina foi a de cadastrar e inventariar a ordem espacial da localidade, algo que visava a vida prática, como a defesa, por exemplo.

De uma pequena localidade remota na história, como Bedolina, até o grande Império Romano, é possível de novo encontrar mapas funcionais no mundo antigo. Esse é o caso da Tabula Peutingeriana[32], que é a cópia medieval de um original com onze folhas em pergaminho, medindo 6 metros de comprimento sobre 30 centímetros de largura. Descreve as rotas do império, cujo domínio era um dos elementos mais importantes do seu poder, e situa as

---

[30] BOARD, 1975.
[31] O mapa de Bedolina é um registro rupestre considerado o mais antigo mapa representado por grupos humanos. Está situado em Valcamonica, no norte da Itália, e sua origem é datada entre 2000 e 1500 a.C. Ele retrata, a partir de um olhar vertical, portanto panorâmico, a distribuição e localização de casas e campos agrícolas dessa região, no vale do rio Pó. Há muitas imagens e reconstituições feitas do mapa disponíveis na internet.
[32] Imagem disponível em: www.hs-augsburg.de/~harsch/Chronologia/Lspost03/Tabula/tab_peoo.html. Ulrich Harsch Bibliotheca Augustana. Acesso em: 12 abr. 2013.

principais cidades de referência, da Inglaterra até as margens do rio Ganges.

Desde o século XIII têm-se notícias de mapas náuticos que os homens de navegação produziam. Eram mapas funcionais, que registravam rotas, ventos, contornos das terras emersas, sempre indicando as direções como linhas de rumo associadas às rosas-dos-ventos. Esses mapas iam incorporando novas informações na medida em que cada embarcação retornava das viagens marítimas. Ficaram conhecidos como portulanos. Depois do século XV, quando as travessias transatlânticas se tornaram realidade, mapas mais sofisticados foram produzidos e, nesse campo, o maior dos exemplos foi o mapa do cartógrafo flamengo Gerard Mercator. Assim, navegação, condição humana no planeta e mapas se entrelaçavam.

Além das funcionalidades mais óbvias, como as citadas, os mapas estão implicados em várias ações bem mais complexas, como por exemplo as constituidoras de territórios nacionais, e, também, em empreendimentos coloniais. Em um trabalho do historiador Benedict Anderson[33] há uma referência a outro historiador, o tailandês Thongchai Winichakul, que rastreou os processos de surgimento de um Sião (atual Tailândia) com fronteiras próprias entre 1850 e 1910. Ele concluiu que o mapeamento feito na época teve um papel construtivo desse território e ajudou a conceber a modalidade espacial do território contíguo:

> *Em termos de inúmeras teorias da comunicação e do senso comum, um mapa é uma abstração científica da realidade. Um mapa apenas representa algo que já existe objetivamente 'ali'. Na história que eu apresentei, essa relação está invertida. Um*

---
[33] ANDERSON, 2008, p. 226-255.

> *mapa antecipava a realidade espacial, e não vice-versa. Em outros termos, um mapa era um modelo para o que (e não um modelo do que) se pretendia representar. [...] Ele havia se tornado um instrumento real para concretizar projeções sobre a superfície terrestre. Agora era necessário um mapa que respaldasse as reivindicações das tropas e os novos mecanismos administrativos [...] O discurso do mapeamento era um paradigma dentro do qual funcionavam e serviam as operações tanto administrativas quanto militares.*[34]

O mapa tailandês mostra que os mapas não só criam visões de mundo mas também "criam mundos", cujos espaços contínuos e abstratos – os vazios – passam a ter sentido como um território.[35] Mapas modernos criadores de territórios nacionais são, nesse caso, descendentes distantes dos esboços rupestres que limitavam e sedimentavam campos de caça no Paleolítico. Jacques Revel, frente ao cenário de constituição e de mapeamento do Estado moderno francês, chama a atenção para: "o conhecimento do território é, indissociavelmente, uma produção do território".[36]

Num artigo muito elucidativo, a geógrafa Emanuela Casti[37] apresenta uma análise de mapas franceses sobre a África que serviram para criar uma imagem de um continente pleno de recursos naturais, mas com pouca expressão de espaços humanizados (cidades, campos agrícolas, áreas de criação, áreas sagradas e de outros significados culturais etc). De fato, os cartógrafos e os geógrafos do Estado francês tinham pouco conhecimento desses territórios e optaram por escalas na confecção dos mapas que criaram uma sensação de vazio demográfico e social do continente africano.

---

[34] WINICHAKUL *apud* Anderson, 2008, p. 239-240.
[35] FONSECA; OLIVA, 2012/2013, p. 24-45.
[36] REVEL, 1989, p. 104.
[37] CASTI, 2001, p. 429-450.

Vazio esse que povoa, mesmo hoje, as mentes até dos estudantes brasileiros, visto que mapas assim ainda circulam. O que importa ressaltar é que essa cartografia ajudou a criar uma cultura de legitimação da colonização do território africano pelos europeus. O efeito desses mapas, assim como de muitos outros, foi objeto de crítica severa por um dos mais célebres historiadores da cartografia, Brian Harley. Diz ele:

> *Enquanto tipo de conhecimento impessoal, os mapas tendem a "dessocializar" o território que eles representam. Eles favorecem a noção do espaço socialmente vazio. A qualidade abstrata do mapa, tanto incorporada nas linhas de uma projeção ptolomaica do século XV quanto nas imagens contemporâneas da cartografia informatizada, atenua a tomada de consciência de que os seres humanos vivem na paisagem. As decisões relativas ao exercício do poder estão desconectadas do domínio dos contatos interpessoais.*[38]

O mapa, desde sempre, é uma produção humana complexa. É cada vez mais corrente a percepção e o entendimento de que os mapas atendem a diversas necessidades humanas, construídas cultural e historicamente. Suas funções e efeitos são sempre múltiplos, e seu uso eficiente pressupõe a capacidade de analisá-lo criticamente, mesmo que estejam impregnados de elaborações científicas e recursos tecnológicos, pois tudo isso não logra substituir cosmogonias e ações interessadas de conquista e de domínio. Estas, ao contrário, frequentemente se aliam muito bem à superestimada racionalidade científica.

---

[38] In: CONFINS: *Revista Franco Brasileira de Geografia*, nº 5, 2009; do original *Cartes, savoir et pouvoir*, extraído de GOULD, Peter e BAILLY, Antoine. Le pouvoir des cartes et la cartographie. Paris, *Antropos*, 1995, p. 19-51 (trad. Mônica Balestrin Nunes). Disponível em: http://confins.revues.org/5724. (Ver parágrafo 58.) Acesso em: 12 abr. 2013.

Cosmogonias, dominação imperial e colonial

A história da cartografia (e o modelo de mapa que ela consagrou) chegou ao mundo contemporâneo como uma herança muito utilizada. Vale relembrar que esse modelo tem como ingredientes: cosmogonias difusas; funcionalidades práticas e motivações políticas de várias ordens; racionalizações científicas; e descobrimentos propriamente ditos da superfície terrestre. Essa constatação não desqualifica o mapa como conhecimento. Afinal, é banal constatar que não há forma de conhecimento que seja "pura razão", livre das influências dos contextos culturais e históricos. Por isso, é possível se falar em uma história do conhecimento cartográfico, e tudo o que até aqui foi mencionado são fatores atuantes nessa história.

Se for admitido que um dos objetivos incontornáveis da cartografia é representar no espaço a superfície terrestre, surge daí uma interessante questão em sua história. Segundo os padrões contemporâneos, é preciso uma pertinência empírica para se chegar ao planisfério: conhecer diretamente o que será cartografado. No entanto, boa parte da história da cartografia, das técnicas inventadas e empregadas, dos segmentos de terras e de mares representados e nomeados nos mapas, desenvolveu-se sem essa pertinência. Nos seus primórdios, as viagens de longa distância eram impossíveis. Como os povos antigos poderiam explicar fenômenos sobre a Terra, os astros, as formas de vida ou os oceanos, se viviam, em sua maioria, em espaços restritos, isolados e relativamente imóveis? Utilizando o que estava disponível em seus próprios espaços.

Assim, se não era possível conhecer e olhar para a Terra toda, os povos antigos olharam para o céu e, a partir disso, entenderam e criaram muitas coisas. Por exemplo: inventaram um sistema de orientação que utilizamos até hoje para nossas ações no planeta. A astronomia da Grécia antiga[39] (desde 540 a.C.) será uma referência para a produção de conhecimento sobre a geografia da Terra e, ao mesmo tempo, de técnicas cartográficas. Dois elementos balizaram essa produção do conhecimento grego: primeiro, a esfericidade da Terra e dos astros de um modo geral, e, segundo, as formas de medição a partir da observação do Sol ao meio-dia, quando ele atinge sua posição mais vertical, o chamado zênite.

Desde o grego Pitágoras (582-497 a.C.) se afirmava que a Terra era esférica. Com essa certeza, Eratóstenes (276-196 a.C.) calculou o tamanho de sua circunferência e praticamente acertou. Notou, assim, que a Terra era bem maior do que os gregos podiam conhecer pessoalmente. Para chegar a essa medida, Eratóstenes observou e comparou o comportamento do Sol ao meio-dia em duas localidades. Meio-dia em latim é *meridien* ("meridiano"), e essa palavra não é apenas uma referência distante, e sim a expressão máxima do método que está acoplado aos mapas.

Os denominados pontos cardeais, chaves do sistema de orientação, são mais um exemplo de criação a partir da observação do céu e dos astros. Norte, sul, leste e oeste são palavras familiares em todas as línguas, mas o que quase nunca se menciona é que elas têm origem viking. Ou seja, já eram usadas pelos vikings que navegavam no mar do Norte desde o século VIII. "Leste" e "oeste" são palavras com o mesmo significado das palavras latinas "levante" e "poente", que, como se percebe, referem-se ao "nascimento" e ao "cair" do Sol. E foi assim que o leste e o oeste foram definidos.

---

[39] Antes dos gregos, muitas civilizações já tinham conhecimentos astronômicos, como os chineses e os babilônios. Mas foi na Grécia antiga que a astronomia teve seu maior impulso.

Os outros dois pontos cardeais, norte e sul, foram igualmente definidos com referências na abóbada celeste. Os antigos habitantes do hemisfério norte identificaram duas constelações na parte mais extrema da direção perpendicular, entre o leste (levante) e o oeste (poente). Na primeira (Ursa Maior), o desenho era formado por sete estrelas, daí veio a palavra *setentrional*[40]. A segunda (Ursa Menor) tinha na sua posição mais extrema a estrela Polar. Daí, essa posição ser denominada "polo". O sul foi chamado *meridional,* outra nomenclatura derivada de *Sol do meio-dia*. No norte, ao se observar o Sol ao meio-dia, notava-se que ele ficava numa posição contrária ao norte. Logo, a posição do Sol ao meio-dia virou posição meridional, que é o sul[41].

Na cartografia da Grécia antiga, a contínua observação dos astros permitiu a criação de mais um recurso, que sofisticou as técnicas cartográficas e o sistema de orientação. Trata-se das coordenadas geográficas. São linhas que seguem a direção leste-oeste ou a direção norte-sul, formando assim uma rede, o que permite que os pontos da superfície sejam localizados com mais precisão. No planisfério de Dicaiarcos (350-290 a.C.) já apareciam coordenadas geográficas.

Tal como os pontos cardeais, foi com a observação da abóbada celeste que se chegou às coordenadas geográficas. Em especial, com a observação do zênite solar, assim a primeira coordenada criada foi o *meridiano*. O meridiano de um lugar é a linha norte-sul imaginada sob o Sol do meio-dia. Esse é um princípio que serviu para definir as linhas dos *trópicos*. Mesmo ao meio-dia, não são todas as

---

[40] Adjetivo derivado de "setentrião". Na mitologia romana, Setentrião é conhecido como Boreas, filho de Aurora, de onde originou-se o nome "boreal". Por isso, hoje, os sinônimos para a palavra norte são "setentrional" e "boreal".
[41] O sul tem como sinônimos as palavras "meridional" e "austral". Esta última nomenclatura é de origem grega.

áreas da superfície terrestre que recebem raios solares totalmente verticais. Isso se dá no equador e nas suas cercanias. Afastando-se da posição equatorial chega-se a uma área em que os raios ao meio-dia serão sempre inclinados. Esse é o limite marcado pela linha tropical.

Como se sabe, os meridianos são semicírculos completos da esfera terrestre. Logo, são todos iguais e convergem para os polos Norte e Sul. Com eles se obtêm as medidas de longitude a partir do meridiano 0º (Greenwich, em Londres). Assim, a partir desse marco se medem 180 graus a leste e 180 graus a oeste. No entanto, para se chegar a um sistema de localização que dê um ponto exato na superfície terrestre foi preciso combinar com a longitude uma medida que informasse em que ponto do meridiano se está. Essa medida é a *latitude*, que se obtém a partir de linhas leste-oeste, os chamados paralelos.

Os paralelos são círculos diferentes entre si. O equador é o maior deles, pois é o único que é um círculo máximo completo. Quanto mais distantes do equador e mais próximos dos polos, menores são os paralelos. Medidos em direção ao norte ou ao sul, vão de 0º (zero grau) no equador até 90º em um dos polos. Eles cruzam os meridianos, produzindo uma rede mais ou menos quadriculada. Somente o cruzamento da longitude e da latitude dará a localização de um lugar.

Além dos pontos cardeais e das coordenadas geográficas, a cartografia da Grécia antiga fez experimentos e avançou na busca de soluções para uma questão geométrica importante na confecção de mapas, que é a questão das projeções: quer dizer, como projetar no plano uma realidade – a da superfície terrestre – que é curva.

Um evento bastante conhecido veio marcar essa história da cartografia. O conhecimento dos gregos se perdeu e só se difundiu no mundo europeu, após um grande interregno, que tomou toda a história medieval. Grande parte desse conhecimento encontrava-se na obra de Cláudio Ptolomeu (100 d.C.), na qual se destacam *A grande sintaxe matemática* e a *Geografia*. Esses livros haviam desaparecido com a destruição da biblioteca de Alexandria no século IV d.C. e ressurgem na Europa em 1407, numa versão árabe, com o nome de *Almagesto* e tradução de Al Idrisi.

E, nesse interregno medieval, qual foi a cartografia que predominou na Europa ocidental? Afinal, a falta do conhecimento grego não poderia ser um impedimento para a confecção de mapas, pois traçá-los respondia à necessidade de explicitar a ordem das coisas e do mundo em geral, algo intrínseco à condição humana. Uma certa linha de representações europeias antes do século XV se destaca. São os mapas T em O. Essa denominação teria vindo de *Orbis Terrae* (ou *Orbis Terrarum*), que quer dizer Mundo (ou Terra), e também do formato dos mapas, nos quais aparece um círculo com um T dentro, tal como mostra a imagem de um dos mais célebres mapas T em O (ver figura 2, p. 162).

A despeito desse mapa mal parecer um mapa segundo os padrões atuais, nele podem-se notar três continentes: a Ásia, disposta no alto (logo, o leste ficava na parte de cima), a Europa e a África. E aqui vale acentuar aquilo que pode parecer surpreendente: os continentes da Ásia, da Europa e da África existem em mapas medievais antes que seus contornos, extensão e posição fossem nitidamente conhecidos. O que nos parece tão natural é anterior à identificação direta desse "suposto natural". Como diz Christian Grataloup: "[...] estamos habituados a considerar as grandes partes do mundo como grandes ilhas, como fatos da natureza, e não como uma extrapolação dos mapas-múndi medievais 'T em O', cujo centro, Jerusalém, atribui três partes para os três filhos de Noé".[42]

A composição continental daquilo que representava nada mais que uma cosmogonia da cristandade na Europa ocidental medieval terminou migrando e se impondo ao planisfério moderno, e daí se impôs em alguma medida à própria realidade.[43] Como esse trio é a matriz a partir da qual os outros continentes foram situados, a lógica da divisão continental é, obviamente, eurocêntrica. Se a visão geográfica mundial tivesse sido produzida por outra sociedade que não a Europa, todo o pensamento sobre o espaço teria sido profundamente diferente. Grataloup pergunta: Quantos continentes existem, afinal? O número varia de dois (o Velho Mundo e o Novo Mundo) a sete (três do Velho Mundo, duas Américas, a Austrália e a Antártica), segundo as épocas e segundo os países. A França partilha o mundo em cinco partes, já a Alemanha define seis partes e a Grã-Bretanha separa as duas Américas, a do Norte e a do Sul.

O mapa T em O da cosmogonia cristã medieval deixou várias heranças:

1. Trata-se de uma representação a partir da qual se consagrou a expressão "velho mundo". Com a descoberta das Américas, essa "quarta" parte da Terra veio a ser chamada de "novo mundo";

2. A Ásia colocada na parte superior do mapa tinha essa condição por causa da centralidade da localização símbolo da cristandade, a cidade de Jerusalém. Essa era a posição do nascimento diário do

---

[42] GRATALOUP, 2006, p. 37.
[43] "Que tenham se tornado quatro em 1507, depois cinco em 1814, com a criação da categoria antimônica de Oceania, espécie de cata-migalhas dos órfãos do continente antipódico desaparecido do pensamento do globo e dos planisférios no século XVIII, isso não muda a lógica inicial, mas contribui vivamente para reforçar sua naturalização." (GRATALOUP, 2006, p. 37.)

Sol, portanto o "levante" (leste), e também, consagradamente, o Oriente. Quer dizer: no caso do mapa T em O, o Oriente está em cima. Hoje, os mapas têm o norte em cima, mas ainda é hábito falar que o "mapa é *orientado* para o norte";

3. A separação de um único bloco continental em Ásia e Europa se mantém dessa maneira nos mapas e nas visões atuais de mundo. É mais comum se falar numa única América (quando na verdade são dois blocos continentais) do que admitir que a Eurásia (Europa e Ásia) compõe um único continente. Isso mostra como certas cosmogonias se impregnaram de maneira duradoura nas formas de ver contemporâneas.

No final do século XIV, os mapas T em O estavam sendo superados quanto à sua pertinência empírica. E isso vai ocorrer em especial após o século XV. Muitas transformações sociais e econômicas em curso na Europa estavam produzindo e exigindo um conhecimento empírico maior da geografia da Terra. As condições técnicas para a navegação estavam evoluindo, o que ampliava os horizontes dos europeus. Entre as técnicas que evoluíam encontram-se os mapas náuticos: os portulanos.

Os portulanos pertencem à família dos mapas para a vida prática, como já foi visto. Eles incorporavam alguns conhecimentos originários do mundo antigo, como os pontos cardeais, aos quais associavam a direção conhecida dos ventos. No século XV, em Portugal, os navegadores já conheciam 32 direções de ventos e dessa combinação (pontos cardeais com a direção dos ventos) criou-se uma expressão gráfica muito familiar para nós: a rosa dos ventos. Os portulanos tinham em seu corpo diversas rosas dos ventos ligadas entre si pelas chamadas *linhas de rumo*. No entanto, apresentavam problemas de imprecisão nas localizações e direções. Eles não possuíam coordenadas geográficas nem projeções.[44]

O ressurgimento da obra de Cláudio Ptolomeu no século XV foi um impulso para a reinvenção da cartografia. O seu planisfério é um marco nessa história pelo modelo que portava. Ptolomeu reintroduz na cena cartográfica as coordenadas geográficas e, com elas, as medidas de longitude e latitude, uma proposição de medidas da Terra[45], o mapa "orientado" para o norte, assim como uma *projeção cartográfica*. Ainda mais importante, ele representa o retorno à geometria euclidiana, algo ausente da cartografia medieval. Sobre esse evento, um importante historiador da cartografia assim se manifesta:

> *A redescoberta de Ptolomeu no século XV é certamente um dos eventos fundadores da cartografia moderna. [...] Retornar a Ptolomeu era momentaneamente negligenciar as explorações mais recentes em proveito de uma representação do mundo ultrapassada [...] O retorno, entretanto, não foi em vão. Independentemente de sua exatidão e de sua atualidade, a geografia de Ptolomeu traz um novo modelo de cartografia, novos instrumentos técnicos e conceituais [...] Constitui um dos resultados da ciência grega e dos diferentes sistemas de projeção e de suas geometrias respectivas, e dá instruções precisas para traçar as quadrículas que recobrem o desenho cartográfico [...] Nem Mercator nem Copérnico teriam sido possíveis sem esse ponto de partida.*[46] (Ver figura 3, p. 163.)

---

[44] Visualize um exemplo de mapa portulano do Mediterrâneo, feito por Joan Oliva em 1610, em: http://www.mapashistoricos.usp.br/index.php?option=com_jumi&fileid=14&Itemid=99&idMapa=586&lang=br

[45] Ptolomeu usará as medidas de Posidônio (que deixava a Terra menor) e não as de Eratóstenes, que eram as mais corretas.

[46] JACOB, 1992, p. 92. (Trecho traduzido pelos autores.)

A história da cartografia a partir do século XV apresentará uma série de planisférios, o que refletirá, ao mesmo tempo, mudanças nas técnicas de confecção em decorrência da difusão do modelo ptolomaico e o conhecimento de novas terras. O planisfério de Cantino, na abertura do século XVI, era aquele que tinha o registro mais atualizado das terras emersas do planeta, assim como uma distribuição entre terras e oceanos bem próxima da visão que se tem atualmente (ver figura 4, p. 164). Há também uma mudança significativa na representação, que até então era centrada nas terras habitadas (ecúmeno), e os oceanos apenas as entornavam. Com o advento do Novo Mundo e a introdução da quarta parte nos planisférios, os oceanos tomaram tanta importância nas representações quanto as terras emersas.

Esse famoso planisfério de Cantino possui diversas anotações (algumas provavelmente de Américo Vespúcio) e algumas rosas dos ventos, o que indica uma influência dos mapas portulanos. A linha horizontal dourada é o equador, as linhas vermelhas são os trópicos e os círculos polares; o meridiano de Tordesilhas é indicado com uma linha azul. O mapa mostra, principalmente, as possessões portuguesas, como a costa brasileira descoberta por Cabral em 1500.

As informações contidas foram copiadas para o planisfério de Caverio (1505), que, por sua vez, serviu de referência para a confecção de outro mapa que será um marco na história, não somente da cartografia, mas do planeta: o planisfério de Martin Waldseemüller, produzido em 1507 (ver figura 5, p. 165).

O planisfério de Waldseemüller foi feito na França por iniciativa do editor Vautrin Lud, que tinha o ambicioso projeto de documentar os novos conhecimentos advindos das descobertas da virada do século XV para o XVI e, com isso, atualizar a obra *Geografia*, de Ptolomeu. Logo, o mapa é uma combinação das técnicas de Ptolomeu e dos novos conhecimentos sobre o mundo.[47] Não por acaso a figura de Ptolomeu encontra-se no alto do mapa ao lado de Américo Vespúcio.

No oeste do planisfério vê-se um continente muito estreito e alongado, cujo litoral é o que hoje chamamos de América do Sul. E foi justamente nesse mapa que houve o batismo dessa parte sul do continente como América[48]. Ainda no oeste, mas mais ao norte, Waldseemüller designou as terras como "incógnitas" (*terrae incognitae*). Sua representação possuía uma disposição bem mais próxima da realidade da Eurásia e da África.

Outro avanço marcante na história da cartografia se dará a partir do trabalho de Gerardus Mercator (1512-1594). Nascido em Rupelmonde, na atual Bélgica, esse cartógrafo flamengo foi um sábio típico de sua época: além de cartógrafo e construtor de instrumentos científicos, se interessava por filosofia, magia, teologia e caligrafia. Em 1569, publicou seu grande planisfério em dezoito folhas – após 30 anos de atividades. Quatro meses após sua morte, em 1594, seus herdeiros editaram uma coletânea de mapas denominada *Atlas*, nome criado pelo próprio Mercator.

O mapa de Mercator trazia inovações importantes. No século XVI, o cosmógrafo português Pedro Nunes (1502-1579) encontrou uma solução geométrica para dar precisão às *linhas de rumo* dos portulanos, traçando-as de modo que mantivessem sempre a mesma orientação em relação aos pontos cardeais e que fizessem um ângulo constante com os meridianos. Mercator conhecia a *Geografia* de Ptolomeu (já havia refeito alguns de seus mapas) e também admirava os portulanos medievais. Quando soube da resolução

---

[47] "É nesse contexto que se dá a 'revolução ptolomaica', um marco fundador da cartografia moderna, e se retoma o entendimento da esfericidade da Terra. No final do século XV e no início do XVI muitos cartógrafos empreenderam a tarefa de corrigir (acertar medidas, acrescentar partes) o mapa de Ptolomeu" (GRATALOUP, 2009, p. 64). (Trecho traduzido pelos autores).

[48] Waldseemüller incluiu informações recolhidas por Américo Vespúcio e batizou as novas terras como América em reconhecimento a ele.

de Pedro Nunes sobre as linhas de rumo, uniu esses conhecimentos e construiu um mapa para servir diretamente os navegadores. Embora seus objetivos fossem relacionados ao contexto social de seu tempo, o mapa de Mercator extrapolará de longe esses limites e será o maior representante de uma dada visão de mundo que será celebrada.

Ao fazer esse mapa, Mercator deu uma grande contribuição para o desenvolvimento de uma técnica: a *projeção cartográfica*. Como manter as distâncias, as direções e os tamanhos das áreas de uma superfície curva em representações no plano? Operações geométricas podem responder a essas questões. Mas nunca todas ao mesmo tempo, pois sempre haverá distorções. Por isso, o mapa é, por imposição geométrica, sempre diferente do globo e, por consequência, uma representação gráfica da Terra que propõe outra visualização do objeto representado.

Mercator criou uma projeção em que as linhas de rumo seriam dispostas de modo a preservar corretamente as direções entre dois pontos quaisquer do globo. Mas essa aquisição se deu à custa de distorções nos tamanhos das áreas do mapa em relação à superfície terrestre. Ele precisou aumentar as distâncias entre os paralelos na medida em que eles se aproximavam das altas latitudes. Isso, na prática, aumenta o tamanho de todas as áreas próximas aos polos. Outra coisa: os meridianos não convergem para os polos[49] como muitas outras projeções atuais (ver figura 6, com a projeção de Jacques Bertin)[50], de modo que a projeção de Mercator termina não tendo polos (ver figura 7).

---

[49] Os meridianos são perpendiculares aos paralelos, logo, fazem ângulo reto nos cruzamentos.
[50] Projeção de Jacques Bertin, de 1950. Nela, os meridianos não são paralelos e, por isso, formam arcos. Desse modo, não contém as mesmas distorções existentes no planisfério de Mercator.

cartografia **53**

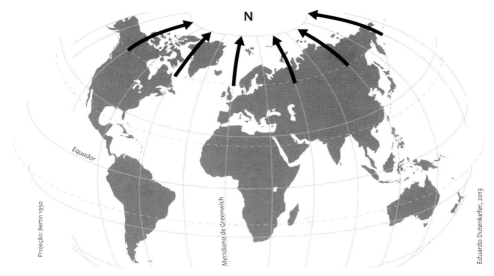

Figura 6. Planisfério com a projeção de Jacques Bertin.

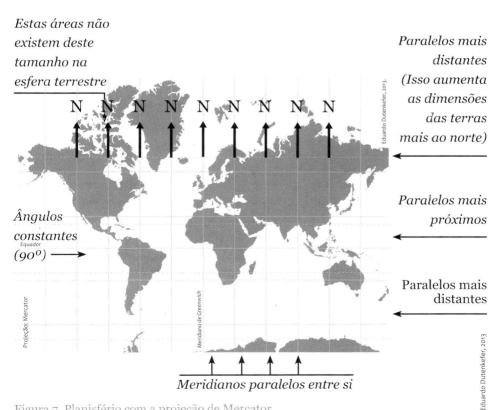

Figura 7. Planisfério com a projeção de Mercator.

O mapa (a projeção) de Mercator ainda é muito utilizado para vários fins práticos, e continua a ser uma grande conquista da técnica de se fazer mapas.[51] Sua projeção é uma das bases da cartografia moderna, e seu sucesso é excepcional, a ponto de ser o mapa de base da mais popular ferramenta de consulta disponível na internet, o *Google Maps*. Mas o sucesso tem um custo: a projeção Mercator é o maior exemplo de naturalização de uma dada visão de mundo, e também das práticas cartográficas. Ela sedimenta a Europa, desde o século XVI, no centro do planisfério e abre definitivamente a aventura da busca incessante pela precisão cartográfica.[52]

A centralidade europeia: a força da naturalização do planisfério

Brian Harley se mostra perplexo com a submissão dos analistas contemporâneos à naturalização contida na cartografia moderna. Esses quase só fazem perguntas sobre a localização, sobre as condições topográficas (e também os contornos, as extensões, as medidas), e raramente o usam para esclarecer a história cultural ou os valores sociais de algum período ou lugar especial.[53] Não percebem, portanto, as cosmogonias impregnadas. Ler todos os mapas em busca de uma *verdade topográfica*, e os antigos também, é uma forma de anacronismo, como se sempre o sistema métrico dominante existisse e fizesse sentido – como se fosse a-histórico e natural. Quer dizer: aplica-se o sistema métrico contemporâneo para determinar que o mapa antigo era impreciso. Desconsidera-se

---
[51] MONMONIER, 2004.
[52] *Nova et Aucta Orbis Terrae Descriptio ad Usum Navigantium Emendate*. Mapa-múndi de Gerard Mercator, de 1569.
[53] HARLEY, 2005, p. 62.

que a linguagem matemática dos mapas é uma das formas de apreensão do mundo, e não a única. Mal percebe-se, ainda segundo Brian Harley, que localizar ações humanas no espaço segue sendo a maior fonte de engano intelectual dos mapas como forma de conhecimento.

Como já foi destacado anteriormente, a presença da Europa no centro dos planisférios é uma das comprovações mais significativas da naturalização da visão dominante de mundo produzida pelos mapas. Essa naturalização é reforçada pelo fato de ter se convencionado que o meridiano de origem (0º) é o de Greenwich, que fica na Europa. Desse modo, sugere-se que o meridiano de Greenwich foi o escolhido justamente por possuir a qualidade de ficar no *meio*, embora seja um *meio* construído historicamente pelo homem, e não uma imposição geométrica. Com fina percepção, Grataloup afirma que Greenwich funciona como o simétrico espacial do marco temporal ocidental, que é ano zero de nossa contagem, cuja origem é a narrativa cristã.[54]

Além do fato de não ser plausível geometricamente um centro numa superfície esférica, também não haverá impedimento geométrico para que as projeções existentes (inclusive a de Mercator) tenham outras centragens, por exemplo, colocando as Américas, ou o extremo oriente no centro (vide o mapa japonês, apresentado anteriormente). Mas a história da cartografia não foi a da criação de mapas com diversos centros do mundo. O centro dominante na cartografia foi a Europa. E por que isso?

Em boa medida, a descoberta da América colocou a Europa no centro dos acontecimentos da época e, por decorrência cultural e econômica, assim como por decorrência gráfica, no centro do planisfério. Um

---
[54] GRATALOUP, 2006.

retorno à comparação entre o mapa de Ptolomeu e os de Cantino e Waldseemüller mostra um pouco disso. No mapa de Ptolomeu a Europa aparece à esquerda, acima do mar Mediterrâneo. Já nos mapas de Cantino e Waldseemüller, a Europa foi deslocada para o centro. Isso porque à esquerda desses planisférios incluiu-se a recém-descoberta América. Com isso, foi preciso criar espaço para o oceano Atlântico. O mundo ficou maior nas representações e a Europa foi parar no centro dos mapas. E como era dali que partiam as navegações e a "descoberta" do mundo, ela era também, nesse sentido, o centro mais importante do mundo.

Os cartógrafos reunidos em torno de Mercator transformaram essa posição central (ou centragem) da Europa em hábito. Esse hábito permanece, embora tenha perdido parte de sua força. Não há mais como desconhecer a impertinência dessa visão monolítica, que é uma forma visual inadequada de hierarquia do mundo. O importante é romper com esse costume, para mostrar que os mapas são construções feitas a partir de determinadas escolhas. E isso é particularmente importante no mundo da educação, que não pode ser mais um ambiente de sutis doutrinações e naturalizações, e sim um espaço de cultivo de pensamentos livres e produtivos. E, para isso, é indispensável o teor crítico dos mapas.

Esboço de uma metodologia para análise dos mapas históricos

Brian Harley costumava se queixar de que muitos pesquisadores tendem a relegar os mapas, junto com as outras representações visuais (fotografias, quadros etc.), a fontes de menor importância do que a palavra escrita. Também se queixava, como já foi visto, da insensibilidade reinante diante dos elementos naturalizados do mapa, vistos como verdades universais e necessárias. Ele entendia que era um reducionismo analítico atribuir ao mapa o único papel de representar a manifestação concreta de uma realidade geográfica dentro dos limites das técnicas da topografia, da habilidade do cartógrafo e do código de signos convencionais.

Harley defende que para analisar um mapa histórico é necessário levar em consideração três aspectos do contexto que influenciam o significado dos mapas[55]:

1. **O contexto do cartógrafo:** um mapa é sempre uma relação social. De um lado o cartógrafo; de outro, alguém que encomendava a confecção do mapa e fazia os investimentos necessários. Também era aquele que encomendava o mapa quem decidia usá-lo de uma forma ou de outra. Por exemplo, a Coroa portuguesa tinha seus cartógrafos a serviço da empreitada dos descobrimentos, e, depois, nas ações colonizadoras. Ambas as partes (cartógrafo e aquele que encomenda) pertenciam e trabalhavam dentro de instituições e convenções (comerciais, religiosas etc.) diferentes das nossas contemporâneas, que influenciavam no produto final, inclusive "impondo" cosmogonias. Logo, o cartógrafo não pode ser avaliado em si: ao longo da história, o cartógrafo foi um títere vestido com uma linguagem técnica, cujos fios eram manejados por outras pessoas[56]. Nesse caso, sugere-se que o pesquisador faça o seu trabalho, como ele o faz diante de qualquer outro documento histórico. E por que, por vezes, não o faz? Porque o anacronismo aqui é quase automático: a certeza

---

[55] HARLEY, 2005, p. 59-78. Encontraremos as ideias desse autor permeando os demais textos dele.
[56] HARLEY, 2005, p. 63-67.

da verdade natural que a geometria euclidiana e o sistema métrico representariam induz uma interpretação do mapa como deformação, como documento enganoso de uma época, e não como uma representação legítima.

2. O contexto dos outros mapas: uma pergunta interpretativa fundamental acerca de qualquer mapa se refere à sua relação com outros mapas. Este questionamento deve ser enfocado de diversas maneiras. A seguir, alguns exemplos: 1) Qual é a relação do conteúdo de um mapa em particular (ou de algumas de suas características) com outros mapas contemporâneos da mesma zona? 2) Qual é a relação desse mapa com outros do mesmo cartógrafo, ou da mesma companhia de produtores? 3) Qual é a relação com outros mapas do mesmo gênero, por exemplo de uma visão aérea com outras visões aéreas?

As perguntas variam, mas os questionamentos são indispensáveis. Nenhum mapa está hermeticamente encerrado em si mesmo, nem pode responder a todas as perguntas que desperta. Cedo ou tarde a interpretação dos mapas anteriores se converte em um exercício de cartografia comparativa.[57] Esse gênero de reconstrução de contexto pode indicar a precocidade inovadora de certos mapas. É provável encontrar-se pontos de coerência entre os mapas, que podem, inclusive, pertencer a "famílias mais amplas". Um exemplo já notado anteriormente refere-se à produção após o século XIV na Europa, com a redescoberta de Ptolomeu. Suas técnicas se transformam em paradigma (o elemento essencial do contexto dos outros mapas) para a reprodução e a

---

[57] Idem, p. 68-69. (Trecho traduzido pelos autores.)

atualização de mapas-múndi ou, então, referências-chave para os processos de renovação, como o mapa de Mercator.

3. **O contexto da sociedade:** o indivíduo cartógrafo, ou a empresa, ou ainda aquele que encomenda os mapas pertence a um conjunto social mais amplo. E nenhum desses atores sociais tem seu papel compreendido isoladamente. A análise do contexto social implica em tentar perceber a relação de poder instaurada no mapa. Qual a visão da sociedade representada? Qual foi a função social cumprida pelo mapa? "O marco das circunstâncias e das condições históricas definidas produz um mapa que é, indiscutivelmente, um documento social e cultural. Todos os mapas estão relacionados com a ordem social de um período e de um lugar específico"[58].

Um exemplo de aplicação dessa metodologia encontra-se nos mapas que procuram fazer levantamentos topográficos. Não é adequado, como é comum até os dias de hoje, pensar que a finalidade e o resultado de um levantamento topográfico sejam cientificamente neutros, um mapa que mostra aspectos detalhados das paisagens, que mostra um espaço prévio sobre o qual se dará a "ocupação humana", ou um documento do qual se extrairá um mapa temático. Quanto aos levantamentos do passado, eles são duvidosos, porque são facilmente corruptíveis no processo de cópia. As técnicas de confecção vão variando de lugar para lugar, gerando levantamentos incomparáveis: antes do século XIX os mapas se alinhavam segundo o norte magnético e não havia o norte real. A declinação

---
[58] HARLEY, 2005, p. 72. (Trecho traduzido pelos autores.)

magnética variava localmente, logo, havia "uma desordem" na confecção de mapas. Quanto à neutralidade, ela não se sustenta porque as séries de levantamentos topográficos tinham, com frequência, origem militar e destacavam as características de importância estratégica.

Essa tentativa de uma orientação metodológica na análise do mapa é tributária do entendimento sobre o que é um mapa que percorreu esse capítulo: o mapa é uma construção gráfica e social de visões do mundo, em diversas escalas e modalidades. Longe de servir apenas como uma simples imagem da natureza, que pode ser verdadeira e falsa, os mapas descrevem o mundo recriando-o, do mesmo modo que outras elaborações humanas científicas ou culturais em geral o fazem. Nessa recriação, contam as relações e práticas do poder, preferências e prioridades culturais, que compõem, por exemplo, as cosmogonias. O que vemos num mapa está relacionado ao mundo social e suas ideologias como qualquer um dos fenômenos vistos e medidos na sociedade e no espaço. Os mapas sempre mostram mais que uma soma inalterada de técnicas. Como diz Harley[59], a aparente multiplicidade de significados de um mapa, sua qualidade de ser "escorregadio", não é um desvio, não é um problema de um mapa ilusório. Na verdade, é o coração virtuoso das representações cartográficas. Os mapas não são a sociedade exterior, são partes dela, são elementos constitutivos dentro do mundo em geral.

---

[59] HARLEY, 2005.

Capítulo 3

O fundo do mapa contemporâneo: uma herança a ser problematizada

A história da cartografia nos legou um modelo de mapa que concentra diversas camadas de conhecimentos adquiridas ao longo de vários séculos. Seria ilusório imaginar que esses conhecimentos expressam uma razão que *pari passu* foi se purificando, livrando-se da ignorância empírica, das superstições e das construções culturais de um modo geral. Isso não ocorreu, pois os mapas são construções sociais que veiculam visões de mundo, combinando diversas cosmogonias e ideologias que a ciência não consegue extirpar. Não consegue, mesmo porque as ciências, seja qual for seu registro, são elas próprias elaborações impregnadas por injunções históricas e culturais. A busca de uma verdade científica no estilo positivista não deixa, portanto, de ser um exercício tautológico.

Isso estabelecido, resta sempre submeter os mapas a um escrutínio crítico constante de modo a não tornar natural e verdadeiro algo que nunca é externo ao humano. Um mapa sempre é criação e, portanto, pode ser revisto e transformado de acordo com as novas necessidades que vão surgindo. Essa postura parece ser a mais apropriada num mundo que não cessa de transformar-se. No entanto, o modelo de mapa que herdamos está enrijecido e naturalizado, na contramão da própria realidade que nos cerca. E o principal aspecto de enrijecimento e naturalização do mapa é o chamado *fundo do mapa*, que na condição de bastidor de um mapa tem seu papel comunicativo pouco notado. Pois é justamente esse fundo do mapa o principal responsável pela construção de visões de mundo naturalizadas e hierarquizadas em descompasso com as novas realidades que nos cercam.

Essa naturalização do mapa, essa proteção que o exime de apreciações críticas, está presente na vida acadêmica, tanto na brasileira quanto na de outros países. Evidentemente esse fato compromete o desenvolvimento da cartografia e faz com que essa linguagem seja pouco produtiva em termos de produção de novos conhecimentos sobre um mundo em transformação. Mas há uma consequência de outra natureza, não menos importante, que é o reforço da naturalização dos mapas no ambiente escolar. É nesse ambiente que desde a tenra idade os alunos são expostos a mapas que são apresentados a eles como irretocáveis retratos verdadeiros do mundo. Na escola a prática dominante é o uso do mapa para a localização dos lugares, naturalizando essas localizações que são sempre relativas e construídas historicamente, por exemplo, pela centragem europeia nos planisférios. Definir a localização dos objetos como a função exclusiva do mapa "engessa" o trabalho do professor e o olhar do aluno.

Vale lembrar que cabe à escola não só ensinar e representar as realidades apresentadas pelos mapas, mas ensinar o mapa[60], e discuti-lo criticamente de modo a que ele não se enrijeça enquanto linguagem. Isso implica exercícios de leitura crítica e de produção de mapas, segundo diferentes modalidades, inclusive aqueles que a ortodoxia não considera como mapas: croquis, mapas mentais, anamorfoses etc. Esse é um dos caminhos para contribuir na formação de leitores críticos e mapeadores conscientes, como afirma Maria Elena Simielli[61].

Uma premissa da qual se pode partir é que a cartografia escolar é muito propensa às práticas naturalizadas. Ela está envolvida por tradições de longa

---

[60] Lívia de Oliveira é pioneira nesse alerta, algo que ela já faz desde os anos 1970.
[61] SIMIELLI, 1999.

data que subsistem sob a proteção de uma imagem de precisão e de verdade localizacional. Dito de outro modo: a cartografia escolar está submetida à "ideologia da verdade", no caso a "ideologia da verdade topográfica", como tão bem coloca Brian Harley[62] [63].

A naturalização é um custo bem alto que uma área do saber paga por não praticar com constância a reflexão teórica. Essa é uma situação que persiste parcialmente na geografia, e de forma grave na cartografia. Por isso, faz sentido investir numa discussão teórica que busque desconstruir a naturalização para justamente pensar a cartografia em sala de aula e identificar práticas que subsidiem as permanências naturalizadas. Como diz Michel Lussault, naturalizar é considerar "que as coisas são o que elas são porque elas são como elas são"[64]. Um círculo tautológico, que enclausura o pensamento, em vez de abri-lo para que se reconheça o caráter construído, histórico e suscetível a várias inflexões sociais e culturais do que se classifica como conhecimento. Para Michel Crozier e Erhard Friedberg[65], "contrariamente à ideia de que nós temos comumente, os problemas de organização [do saber] não são dados 'naturais' que surgem espontaneamente, cuja existência seria evidente"[66].

Pois é justamente a naturalização num grau elevado dos saberes ligados à cartografia que consegue transformar o *status* original de representação em *status* de realidade, em uma fusão de representação e realidade que um ficcionista como Jorge Luis Borges, num célebre conto, só supunha num mapa de escala 1:1:

---

[62] HARLEY, 2005.
[63] Uma discussão sobre as razões das práticas tradicionais e naturalizadas da cartografia escolar vai revelar a omissão no campo da renovação da geografia brasileira (acadêmica e escolar) com relação à questão da cartografia, identificada como algo próprio da geografia clássica e, portanto, "digna" de ser abandonada (FONSECA; OLIVA, 1999).
[64] LUSSAULT, 2003, p. 653.
[65] Michel Crozier e Erhard Friedberg, no trabalho clássico *L'acteur et le système*: les contraintes de l'action colletive, identificam as ideias naturalizadas a estereótipos analíticos.
[66] *Apud* LUSSAULT, 2003, p. 653. (Trecho traduzido pelos autores.)

Naquele império, a arte da Cartografia alcançou tal perfeição que o mapa de uma única Província ocupava uma cidade inteira, e o mapa do Império uma Província inteira. Com o tempo, estes mapas desmedidos não bastaram e os Colégios de Cartógrafos levantaram um mapa do Império que tinha o tamanho do Império e coincidia com ele ponto por ponto. Menos dedicadas ao estudo da Cartografia, as gerações seguintes decidiram que esse dilatado mapa era inútil e não sem impiedade entregaram-no às inclemências do sol e dos invernos. Nos desertos do oeste perduram despedaçadas ruínas do mapa habitadas por animais e por mendigos; em todo o País não há outra relíquia das Disciplinas Geográficas. (Suárez Miranda: Viajes de Varones Prudentes, libro cuarto, capítulo XIV, Lérida, 1658[67].

Em Borges, a tentativa de fazer a realidade coincidir com a ciência e suas representações transforma o mapa em inútil. Nesse caso é bom lembrar Christopher Board: "Naturalmente, nenhum mapa pode representar perfeitamente a realidade, mas *não* fazendo isso ele é mais útil ainda"[68]. Jacques Lévy reforça o que, embora óbvio, deve ser assinalado: o mapa é um espaço, mas ele não é o espaço.[69]

Por tudo isso, é premente a desnaturalização da cartografia. O método é a exposição das práticas naturalizadas. Desse modo, expostas à luz do dia como vampiros, elas vão sofrer e, até, desaparecer. A exposição começa por identificar onde as naturalizações da cartografia se escondem. E como já foi dito, o principal núcleo de naturalização do mapa está oculto no fundo do mapa.

---

[67] BORGES, 2001, p. 117.
[68] BOARD, 1975, p. 139.
[69] LÉVY, 1999, p. 172.

O fundo do mapa: métrica, projeção e escala

Antes de detalhar o que compõe o fundo do mapa em busca dos elementos da naturalização existente, é necessário destacar um fator externo que involuntariamente contribui para perpetuar a naturalização de um padrão de fundo de mapa. Esse fator situa-se no mercado editorial, mais especificamente no setor editorial de obras didáticas. Os autores de livros didáticos, em sua grande maioria, não são os criadores[70] dos mapas que serão publicados em suas obras. Essa criação costuma ser terceirizada. Uma razão forte nesse caso é o tratamento dado ao mapa como mera ilustração, como um saber indiscutível e cristalizado, logo "terceirizável". Daí, as seguintes consequências:

1. **Os fundos de mapa são dados e definidos em obras didáticas pelos *softwares* usados para produzi-los:** os mapas terminam tendo fundos de mapa escolhidos pelos autores dos *softwares*. E eles são invariavelmente produzidos segundo o padrão estabelecido pela geometria euclidiana (uma das chaves da naturalização dos mapas), adequado mais à lógica de construção e operação do *software* do que às necessidades da representação das realidades geográficas. Uma decorrência bizarra é que as produtores de mapas para materiais escolares são profissionais de informática e não cartógrafos, muito menos geógrafos. Logo, não estão habituados a verificar as implicações, em termos de linguagem cartográfica e dos efeitos sobre as visões de mundo,

---

[70] Entenda-se como criação toda a responsabilidade dos autores dos livros pela escolha dos mapas (se são de outras fontes), o acompanhamento do seu redesenho, se isso for necessário, a leitura crítica sobre a pertinência da linguagem e dos outros elementos dos mapas escolhidos, como a própria confecção de mapas originais.

que suas opções, com base no cardápio limitado e pré-definido dos *softwares*, geram. De fato, essa seria uma função autoral.

2. **Os fundos de mapa são escolhidos pelo editor das obras didáticas:** visando adequar-se aos usuários, os editores responsáveis pelas obras percebem como grande risco a diversificação dos fundos de mapas, e isso, mesmo no interior do paradigma euclidiano. Daí a preferência por mapas com fundos familiares. Fundos de mapa pouco usuais podem gerar estranhamento e, ainda pior, sensação de erro, algo frequente diante de um saber naturalizado. As críticas comprometedoras, aliás, quase sempre vêm daqueles que têm visões naturalizadas dos mapas. O problema é que normalmente os autores aceitam essas decisões como se a escolha do fundo do mapa fosse uma questão editorial, quando na verdade trata-se de uma questão autoral.

3. **Os fundos de mapa são definidos pelo autor do projeto gráfico das obras didáticas:** em obras didáticas, muitas vezes, todos os mapas, sejam quais forem as realidades estudadas e os "temas representados", terão um único tipo de fundo de mapa, ao menos uma única projeção. O argumento é a elegância do projeto gráfico, que exige um padrão. Até a linguagem é afetada, pois em geral os projetos gráficos exigem tons pastel nos mapas. Logo, se trata de uma escolha por motivos estéticos, que não é questionada justamente porque os mapas estão naturalizados, e não se imagina que eles precisam ter formatos diversificados, conforme a realidade geográfica representada.

Os automatismos relativos ao fundo do mapa na cartografia escolar são consagrados pelas publicações que seguem o padrão da geometria euclidiana. Esse é o caso dos mapas que aparecem nos meios de comunicação (imprensa escrita e televisionada) e na internet, cujo melhor exemplo é o Google Maps. Nesse ambiente virtual, o mapa-múndi tem como base a projeção de Mercator, que é a principal responsável pela visão que se tem do mundo, apesar de ser uma construção com diversos afastamentos em relação ao terreno.

Neste capítulo será empreendida uma discussão detalhada sobre os elementos que compõem o fundo do mapa. Isso é indispensável para neutralizar seu efeito automático de verdade.

Para início de conversa é preciso relembrar que:

1. O fundo do mapa não é alvo suficiente de atenção.

2. É visto como algo neutro; "ele é como tem que ser".

3. Não é percebido na sua função comunicante, já que essa seria exercida pela linguagem que sobrepõe esse fundo de mapa.

Trata-se de um engano, pois o olho humano quando observa um mapa não consegue abstrair o seu fundo. O mapa é um todo comunicante. Essa conclusão exige que se discutam seus efeitos comunicativos, afinal boa parte das imagens dominantes do mundo foi construída pela adoção de um fundo de mapa específico, inscrito no chamado *paradigma euclidiano* por um lado, e com centralidade na Europa, por outro.

O fundo do mapa resulta da combinação da *métrica*, da *projeção* e da *escala*. Sobre ele se estrutura a linguagem cartográfica propriamente dita.

Entre esses elementos, a métrica é o mais dissimulado e o mais naturalizado. Mas o que é a métrica de um mapa?

A métrica

Conhecimentos são históricos e eles têm o dom de mudar as visões sobre as realidades. Com o espaço também é assim: sua percepção e a maneira de apreendê-lo foi historicamente diversificada. Nem sempre o espaço foi apreendido com teorizações abstratas e medidas padronizadas. Houve aqui uma invenção. E essa criação é indissociável da produção de métodos (e dos instrumentos) de medida (Lévy, 1999, p. 143). Há, é claro, espaços apreendidos pelos grupos humanos do período Paleolítico. Mas eles não foram "construídos" com a mesma geometria, pelo sistema de medida da Terra[71], das sociedades atuais, e sim a partir de outras medidas. Portanto, são outros espaços. Logo, para o ser humano o espaço é indissociável de um sistema de medidas, de uma *métrica*[72]. Ou, dito de outra forma: a métrica é um componente do espaço.

E qual a métrica dominante das sociedades contemporâneas? A geometria euclidiana e o sistema métrico. Num texto muito interessante, Nicolas Verdier[73] afirma:

---

[71] É muito conhecida a distinção feita pelo grande matemático Henri Poincaré sobre a grande diferença entre aprender (e produzir) a álgebra e aprender (e produzir) a geometria. A álgebra sustenta-se na lógica, na reflexão, na abstração de conceitos formais (nela olha-se para dentro), já na geometria a construção do conhecimento se dá pela observação do meio ambiente, pela ação de humanização da natureza e no desenvolvimento da vida social (na geometria olha-se para fora). E geometria quer dizer, exatamente, a medida da Terra.
[72] A palavra métrica deriva de metro, de sistema métrico, que é o nosso sistema dominante de medidas, mas que não é universal.
[73] VERDIER, 2002. O título do texto se traduziria como: "Variações sobre o território: análise comparada de trabalhos urbanos".

O espaço é o território do especialista que define sua prática pelo seu nível de abstração; dito de outro modo, por sua prática científica, ele apreende o território com suas ferramentas e o denomina espaço: é o caso do espaço euclidiano (p. 1032, tradução nossa).

Essa métrica é tão impregnada na nossa concepção de espaço que já não a reconhecemos mais como apenas uma possibilidade entre outras. E o próprio espaço construído por nós passa a ser visto como algo externo, natural e universal. Jacques Lévy alerta que o espaço dos homens é uma construção histórica integral, inclusive os seus "atributos geométricos":

[...] diremos somente, com Norbert Elias e alguns outros, que nem o tempo, nem o espaço, tal como os apreendemos na vida social, por mais trivial e elementar que seja, são quadros prévios. Eles são construções sociais, mas realizadas de maneiras diferentes[74].

É relevante notar o papel da cartografia nessa história. Ela não só incorporou a geometria euclidiana e o sistema métrico na constituição de seu próprio espaço (o espaço cartográfico), como participou da naturalização dessas medidas e ajudou a universalizar o euclidianismo. Mas a transição de outras medidas construídas por outras sociedades para o euclidianismo, por meio da cartografia, não foi tão óbvia e sem conflitos.

Nicolas Verdier apresenta um caso de choque entre formas diferentes de se medir o espaço, portanto, entre formas diferentes de espaço. O conjunto articu-

---

[74] LÉVY, 1993, p. 150. (Trecho traduzido pelos autores.)

lado dos mapas de Cassini[75] nos anos 1780 foi muito criticado nos textos enviados ao comitê da Assembleia constituída na sequência da divisão da França em departamentos. O teor das críticas era de que:

> [...] *os mapas eram muito geométricos* [...] *Os mapas de Cassini* [...] *não podem ser adotados na operação de partilha; é preciso ter marcado e verificado a posição e a extensão do terreno, apreciado os obstáculos e os cursos dos riachos, para preencher com satisfação os pontos de vista da Assembleia*[76].

Os mapas de Cassini traziam uma forma de medida que não servia para o cotidiano das comunidades, que exigiam outras medidas, logo outras formas de apreender o espaço.

Porém, historicamente, a transição se deu e o padrão euclidiano se impôs e essa geometria (e o espaço que dela surge) é uma das ideias mais impregnadas no saber humano, e qualquer tentativa de apreender os espaços com outras métricas logo é vista como extravagante e fora da realidade. Por exemplo: há uma recusa em se admitir como mapa as representações que não obedeçam aos cânones desse universo mental. Ou então, em admitir-se que é preciso haver mudança de foco nas medidas das distâncias quando a realidade assim exigir (introduzindo medidas de tempo, de custo etc.). Um dos aspectos mais interessantes das novas realidades é que as distâncias espaciais e seus significados para as sociedades não são mais apreensíveis apenas pela métrica euclidiana, mas sim por outras

---

[75] O mapa da França, chamado "Mapa de Cassini", deve seu nome a uma linhagem de astrônomos e geógrafos de origem italiana que se estabeleceu na França no último terço do século XVII. Lançado sob os auspícios da Academia de Ciências, é o resultado de um trabalho persistente de uma sucessão de cientistas e engenheiros que, durante um século e meio, empregaram e desenvolveram novos métodos de levantamento para o mapeamento da França. Mapas e informações disponíveis em: http://cassini.ehess.fr/cassini/fr/html/index.htm. Acesso em: 3 abr. 2013.

[76] *Apud* VERDIER, 2002, p. 1032. (Trecho traduzido pelos autores.)

métricas. O espaço geográfico não precisa, e nem sempre deve, coincidir com o espaço euclidiano.

O espaço euclidiano foi concebido segundo a geometria do grego Euclides, nascido na Sicília (450-380 a.C). Ele supõe a continuidade (não contém lacunas) e a contiguidade (não contém rupturas), e também, e quem sabe principalmente, a *uniformidade* (métrica constante em todos os pontos), algo que a cartografia convencional aceita como fato indiscutível, um axioma.

Como já visto no capítulo anterior, os mapas nem sempre tiveram a primazia da representação do território enquanto extensão. Segundo a descrição de Emmanuelle Tricoire[77], o mosaico de Madaba (figura 8, p. 166) constitui uma representação do espaço habitado. Cidades e vilas da época são representadas com realismo, os monumentos são desenhados de modo a serem identificados. No coração do mapa está Jerusalém pré-islâmica, com sua muralha e seus portões. A diversidade das escalas de redução presentes no mapa reflete a métrica: o diâmetro da cidade de Jerusalém (cerca de dois quilômetros naquela época), espaço complexo e vasto, denso, é tão longo quanto a distância que a liga ao mar Morto, a cerca de vinte quilômetros. Tricoire, depois de argumentar, conclui que, distante de ser um sinal de imperícia na construção do mapa, Madaba seria um exemplo precoce de anamorfose.

Mas a dominância absoluta da métrica euclidiana nos mapas está na origem de várias manifestações de naturalização do fundo do mapa. É importante ressaltar que no ensino de matemática, por exemplo, esse paradigma euclidiano já não é visto como a única possibilidade de apreensão espacial. Aceitam-se, portanto, outros modelos também lógicos:

---
[77] TRICOIRE, 2003, p. 18.

> [...] *fruto da criação e invenção humanas, a Matemática não evolui de forma linear e logicamente organizada. Desenvolve-se com movimentos de idas e vindas, com rupturas de paradigmas. Frequentemente um conhecimento é amplamente utilizado na ciência ou na tecnologia antes de ser incorporado a um dos sistemas lógicos formais do corpo da Matemática. Exemplos desse fato podem ser encontrados no surgimento dos números negativos, irracionais e imaginários. Uma instância importante de mudança de paradigma ocorreu quando se superou a visão de uma única geometria do real, a Geometria Euclidiana, para aceitação de uma pluralidade de modelos geométricos, logicamente consistentes, que podem modelar a realidade do espaço físico*[78].

Do mesmo modo, a quebra de paradigma ocorrida na matemática pode ser necessária na produção de uma nova cartografia que novas realidades espaciais estão exigindo.

O risco dos mapas formais / euclidianos é a submersão sob a racionalidade das práticas cotidianas. Dois exemplos interessantes sobre a importância de se contemplar nos mapas as práticas cotidianas da população. No livro *O mapa fantasma* há o relato sobre os esforços de John Snow em decifrar a lógica da expansão espacial da epidemia de cólera na Londres de 1854, e para isso ele fez uso da cartografia.

---

[78] PCN-Matemática – 5ª a 8ª séries, MEC, 1998, p. 24.

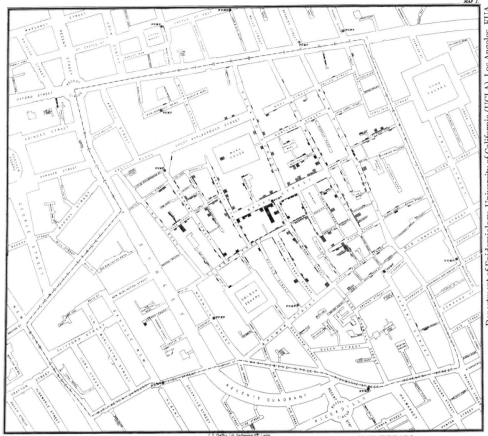

Figura 9. Mapa da expansão do cólera em Londres, de John Snow (1854). "Cada morte foi representada por um grosso traço preto, o que proporcionava um vívido destaque às casas que sofreram uma quantidade significativa de perdas. O excesso de detalhes foi eliminado, preservando-se unicamente o traçado básico das ruas e os símbolos que representavam as treze bombas-d'água que abasteciam a vasta área do Soho"[79].

Steve Johnson considera que este mapa, apesar de seu impacto visual impressionante, não surtiu o efeito desejado por Snow, pois a distribuição dos casos de cólera reforçava a interpretação miasmática[80]:

---
[79] JOHNSON, 2008, p. 177.
[80] A propagação do cólera se daria pelo ar.

A concentração de mortes ao redor da bomba-d'água da Broad Street poderia ser uma mera evidência de que a bomba liberava vapores pestilentos na atmosfera. E, assim, Snow percebeu que precisava encontrar um modo de representar graficamente a circulação de pedestres ao redor da bomba, que ele tão meticulosamente reconstituíra. Precisava mostrar os vivos, não apenas os mortos; precisava mostrar como os moradores de fato se moviam pelo bairro[81].

Por essa razão, Snow produziu um segundo mapa, com um acréscimo visual sobre o primeiro:

> *A intenção de Snow nesse segundo mapa era criar um diagrama de Voronoi, tendo como pontos de referência as treze bombas-d'água. Desse modo seria possível traçar uma célula que representasse o exato subgrupo de residências que estava mais próximo da bomba da Broad Street do que de qualquer outra bomba no mapa. Mas essas distâncias deveriam ser calculadas de acordo com o tráfego de pedestres, não com as distâncias abstratas da geometria euclidiana. A célula ficava distorcida em razão do arranjo errático das ruas do Soho. Algumas casas estavam mais próximas da Broad Street em linha reta, mas, quando se mediam as rotas a pé, que abriam seu caminho através dos becos tortuosos e ruas laterais do Soho, outra bomba se revelava mais próxima. Era, como o historiador Tom Koch observa com sagacidade, um mapa organizado tanto ao redor do tempo quanto do espaço: em vez de medir a exata distância entre dois pontos, mede quanto tempo se leva para caminhar de um ponto a outro[82].*

Outro caso interessante é sobre o mapa do metrô de Londres criado por Harry Beck em 1932. Esse mapa é

---
[81] Id., ibid., p. 178.
[82] Id., ibid., p. 179.

um paradigma dos mapas de metrô. É um mapa topológico, que abre mão do fundo euclidiano, e dá destaque às linhas e nós (estações e entroncamentos). Num primeiro momento não foi aceito pela direção do metrô, mas em um teste com os usuários a aderência foi enorme. A população que se perdia na lógica da rede representada pelo mapa com a localização absoluta das estações de metrô se reoperou de forma produtiva a partir da nova representação. Ela fazia muito mais sentido para as práticas cotidianas dos passageiros do que um mapa com as "medidas certas" (ver figura 10, p. 167).

Durante muito tempo na matemática e na física o euclidianismo prevaleceu e inclusive, numa referência muito utilizada na cartografia e no seu ensino, que é a psicologia genética de Jean Piaget. Para Piaget a apreensão madura do espaço é realizada quando se consegue um domínio formal (identidade dos objetos, reversibilidade das ações, regras de projeção estáveis) necessário para se mover no espaço. Mas que espaço? No espaço euclidiano. Porém, como foi visto, não se nega mais que o euclidianismo e o espaço nesse registro é apenas um caso particular de apreensão do espaço. Isso se percebe na física, com o advento da relatividade. Até mesmo para Jean Piaget, que reconheceria num outro momento de sua vida, nos anos 1970, que a geometria euclidiana é uma modalidade de apreensão do espaço entre outras possíveis. Piaget não está dizendo que a geometria euclidiana, portanto o espaço euclidiano, perdeu o sentido e a validade. Está dizendo que não tem a validade universal imaginada anteriormente[83].

É comum as pessoas se referirem aos componentes de um mapa, mas quando o tema é o seu fundo os únicos elementos citados são a escala e a projeção. Não se fala de métrica. Isso quer dizer que o

---
[83] BRINGUIER, 1978, p. 135

euclidianismo foi tratado como uma evidência, a ponto de não se perceber que o espaço cartográfico tem uma métrica.

No entanto, foi preciso trazer à luz do dia a existência da métrica, e desta métrica, para atender as exigências da realidade. A métrica a ser adotada deve ser objeto de reflexão. Por exemplo, o filósofo Alain Milon[84] chama a atenção para a necessidade de outras cartografias. Isso é necessário para afastar o risco de uma "alienação de analogia" que seria a transformação de todas as relações espaciais, noções que se relacionam e se conversam no espaço, em espaço somente de localização e de distâncias medidas em metros.

O que importa destacar aqui é que há recursos na cartografia para se produzir mapas com outras métricas. Como já foi dito, as distâncias podem, por exemplo, ser medidas em tempo. Que sentido faz dizer dez quilômetros numa cidade congestionada e os mesmos dez quilômetros numa estrada de alta velocidade? As distâncias nos dois casos serão percebidas do mesmo modo? Conceber os fundos do mapa sobre a base de outras métricas é o princípio da criação de uma *anamorfose*.

Muitas figuras rejeitadas pela cartografia convencional como "cartogramas" podem ser consideradas como verdadeiros mapas, desde que elas possam ser confrontadas de uma maneira ou de outra, segundo um procedimento analógico, ao espaço de referência.

A pesquisa de fundos de mapa com métricas diversificadas expressas pelas anamorfoses pode ser uma via de saída dos impasses do euclidianismo. Pode permitir que se saia da ditadura da "superfície vazia", quando se vê mais o que não importa para o que se quer representar.

---

[84] MILON, 2009.

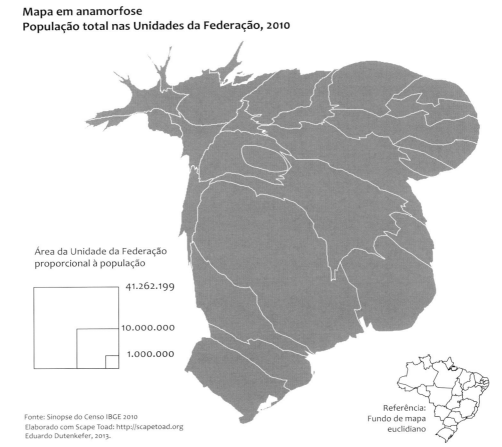

Figura 11. Mapa em anamorfose da população brasileira em 2010 em comparação com o fundo euclidiano, territorial.

O ponto teórico decisivo consiste em assumir que não se trata de "deformação" (o que manteria o fundo euclidiano como o não deformado, o real), mas sim uma construção, *assim como o fundo euclidiano também o é*. No entanto, a resistência à remoção do monopólio euclidiano existe de modo significativo. Num período em que alguns geógrafos e cartógrafos experimentavam outras métricas, a resistência do paradigma euclidiano se manifestou. O prof. K. A.

Salichetchev, de Moscou, presidente da Associação Cartográfica Internacional de 1968 a 1972, em artigo de 1977 publicado no Brasil em 1988[85], diz que as anamorfoses são algo "especialmente perigoso para uma orientação correta da cartografia", pois o desenvolvimento destas significa a perda da objetividade cartográfica. Dizia Salichetchev:

> *Morrison, por exemplo, acredita que é tempo de remover as estruturas da geometria euclidiana das representações cartográficas e aceitar, junto com as escalas de comprimento, outras "escalas" – tempo, densidade etc. – relacionadas a "distâncias mentais". Anamorfoses similares, construídas de acordo com a escala de diferenças sociais, têm sido citadas pelo prof. J. W. Watson. Elas ilustram a subjetividade de anamorfoses na avaliação de "distâncias sociais" entre distritos de Hamilton, Canadá, pelos vários grupos sociais da população numa representação de classes destes grupos. Certamente, representações de classe são contraditórias e sua representação ingênua na forma geométrica é subjetiva, mas este retrato não tem relação de forma nenhuma com cartografia, a não ser pelo uso da linguagem de símbolos gráficos*[86].

Salichetchev rejeita as anamorfoses sem se referir às necessidades de se interpretar novas realidades sociais e espaciais. Para tal, nas áreas científicas em que o espaço é considerado (em especial na Geografia), o espaço estava (e está) sendo reteorizado, questionando o euclidianismo como única medida para as relações espaciais. A existência das novas realidades e o fato de o novo contexto teórico ser

---

[85] Algumas reflexões sobre objeto e método da cartografia depois da Sexta Conferência Internacional. Seleção de textos (AGB), São Paulo, nº 18. p. 17-24, maio, 1988.
[86] SALICHETCHEV, 1988, p. 18.

ignorado são símbolos do perfil pouco flexível da cartografia. Por outro lado, não haveria dificuldades em demonstrar quanto há de subjetivo na "objetividade" das representações euclidianas.

Foi Colette Cauvin quem tratou profundamente o assunto das anamorfoses. Para ela, as anamorfoses deviam ser incluídas no grupo das "transformações cartográficas espaciais"[87]. A anamorfose é uma transformação cartográfica espacial que resulta de "uma operação matemática (ou eventualmente gráfica) de uma forma do mapa a outra forma do mesmo espaço. Desde que estas modificações originem alteração dos contornos, fala-se em anamorfose[88].

O que tem valor nessa posição é a abertura para a questão e a assimilação da anamorfose como prática legítima no interior das práticas cartográficas e, também, a percepção da necessidade de flexibilizar a cartografia para ela expressar novos fenômenos espaciais: "[anamorfoses] devem ser [...] divulgadas, uma vez que permitem dar respostas a problemas espaciais que têm permanecido sem solução"[89].

Mark Monmonier também comenta a importância das anamorfoses. Diz que os cartógrafos tradicionais tratam as anamorfoses como "desenhos em quadrinho extravagantes e fantasiosos"[90]. O resultado é que esses cartógrafos acabaram se privando do potencial de representação dessas "deformações voluntárias". Ele fala em deformação voluntária, porque na verdade toda carta tem um tipo de deformação (de maior *status*, mas deformação), que não é voluntária: a projeção. A seguir apresentamos um exemplo de anamorfose na escala mundial:

---
[87] CAUVIN, 1995, p. 270.
[88] Id. ibid., p. 270.
[89] Id. ibid., p. 305.
[90] MONMONIER, 1993, p. 44.

cartografia **81**

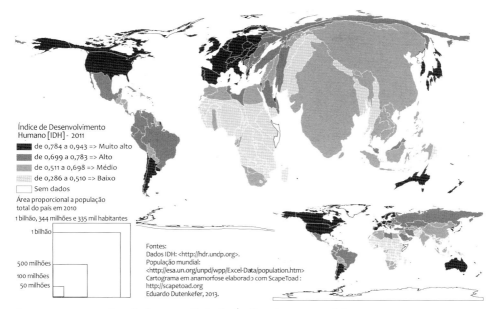

Figura 12. Mapas dos dados mundiais do Índice de Desenvolvimento Humano (IDH) em fundo populacional e fundo territorial.

No mapa maior os dados foram espacializados sobre o fundo populacional, onde a área dos países é proporcional à sua população. Já no mapa abaixo desse o mesmo índice foi mapeado sobre o fundo territorial, que mostra a extensão territorial dos países.

A seguir, alguns comentários comparativos:

1. O que predomina visualmente no primeiro mapa (que tem fundo populacional) são os tons claros, que correspondem aos índices médio e baixo de IDH. Logo, a conclusão possível é que a maior parte da população mundial vive sob tais índices de IDH. A identificação dos países pode ser feita comparativamente ao mapa territorial, mais familiar quanto à localização, tamanho e forma das terras emersas.

2. Já o segundo mapa (que tem fundo territorial) responde à questão de qual é o índice de determinado país e responde visualmente à questão de quais índices são os predominantes, os mais altos ou os mais baixos. É importante verificar que a resposta visual não é a mesma para os dois mapas. O fundo populacional indica visualmente uma situação pior com relação ao IDH do que o mapa com fundo territorial.

Eric Blin e Jean-Paul Bord[91] não são indiferentes à importância das anamorfoses e identificam algumas vantagens em seu uso: os mapas resultantes são espetaculares, vivos, e isso gera uma comunicação bem interessante, pois eles evidenciam tendências espaciais relevantes do fenômeno estudado, difíceis de serem expressas sobre o fundo euclidiano. Porém, identificam um inconveniente, que é a dificuldade de ler e interpretar tais cartas. A reconstrução da forma em relação à consagrada base euclidiana torna irreconhecível a área de origem. Logo, se não se tiver em mente o familiar contorno euclidiano, a reconstrução (ou "deformação") não será interpretada e aproveitada quanto aos significados novos que oferece.

De fato essa questão levantada pelos autores deve ser objeto de reflexão. No entanto, o familiar mapa-múndi euclidiano não nos é tão familiar (ou transparente assim). Na verdade, há diversos países que "não vemos" em escala mundial, especialmente quando o mapa-múndi tem que se contentar com uma página de livro. Os exemplos mais famosos são Mônaco e Vaticano, mas há diversos outros países na mesma situação de "invisíveis". O mapa a seguir ignora a métrica euclidiana em benefício da visualização de todos os países, todos colocados no seu "lugar certo" (ou seja, respeitando-se as relações de

---
[91] BLIN; Bord, 1998, p. 251.

vizinhança). Trata-se de uma atualização da ideia de Catherine Reeves, que sugeriu uma visualização dos países, todos quadrados e do mesmo tamanho.

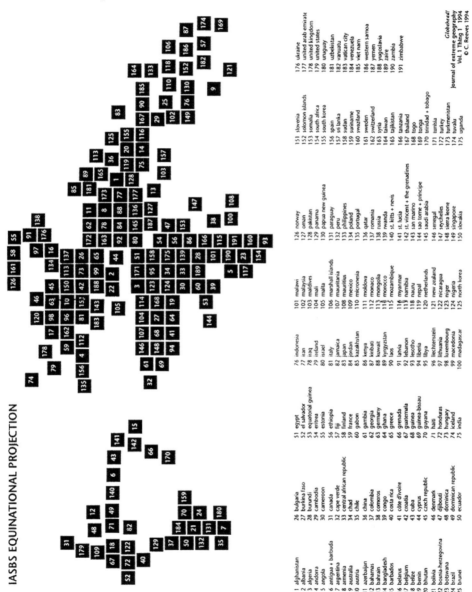

Figura 13. Reprodução do mapa feito por Catherine Reeves (proposta de mapa-múndi que não ignora os "países invisíveis" no planisférico tradicional.)

Mais que uma curiosidade, esse mapa seria eficaz para apresentar fenômenos nos quais as dimensões dos territórios dos países não tivessem significância, como o Índice de Desenvolvimento Humano (IDH). É um bom recurso, mas ele traz também "transtornos visuais": a subversão geral das localizações. Por exemplo, não seria possível dizer, de partida, onde estão os Estados Unidos ou a Rússia. Assim, se o objetivo for localizar ele não serve. Para isso, existem outros mapas.

Outra possibilidade (e que também é uma necessidade) de representações que não utilizam métricas euclidianas é a representação de redes geográficas. Redes geográficas são espaços constituídos por uma malha de localidades separadas distantes umas das outras, porém intensamente articuladas entre si. Por exemplo: uma coleção de condomínios fechados, situados em localidades diferentes, muito mais articulados entre si – e também com *shoppings centers* e com centros empresarias – do que com o território comum. Logo, essa malha não é um espaço contínuo e contíguo como se supõe na geometria euclidiana. Por isso mesmo, não tem como representar esse fenômeno geográfico tão comum nas cidades brasileiras, mesmo porque a lógica das distâncias depende mais do que está mais (ou menos) bem articulado do que a distância em quilômetros.

As projeções

Representar a terra esférica num plano é uma tarefa geométrica necessária e incontornável para que o mapa exista. Mas isso sempre se dá com um resultado insatisfatório. Nenhum tipo de projeção conserva, ao mesmo tempo, todas as propriedades geométricas (pelo menos da geometria euclidiana) do globo.

Ao longo da história da cartografia muitas projeções foram produzidas na busca de soluções não só para as questões geométricas, mas visando a algumas finalidades específicas, como no caso da projeção de Mercator, funcional para a navegação. A despeito de existirem muitas projeções a cartografia que chega à escola utiliza poucas delas. Isso contribui para a naturalização da cartografia.

Entre as projeções, a que reinou no passado foi a de Mercator, especialmente na cartografia. Harley[92] especula se "o próprio Mercator, que concebeu os mapas com os navegadores, teria tido consciência da influência de seu mapa sobre a visão hegemônica mundial dos Europeus". Mas relativiza que:

> [...] o simples fato de que a Europa esteja situada no centro do mundo nesta projeção, e que a superfície das massas terrestres esteja tão deformada que dois terços da superfície do globo pareçam se situar em latitudes elevadas, somente pôde favorecer um sentimento de superioridade dos Europeus[93].

Um exemplo definidor da força da projeção de Mercator é o mapa que mostra a extensão do Império Britânico em 1886 (ver figura 14, p. 168). Mas sua soberania foi abalada no século XX com o surgimento de projeções concorrentes[94] em diversas publicações e pela "revelação" do seu "papel ideológico", já que, entre suas infidelidades geométricas, a ampliação das dimensões das terras em altas latitudes dá aos "países do norte" uma supremacia territorial em relação aos "países do sul" que não corresponde à realidade. A projeção Gall-Peters, por sua vez, restabeleceria a verdade nesse aspecto. Assim, a confrontação Merca-

---

[92] HARLEY, 2009.
[93] Id., ibid., parágrafo 33.
[94] Robinson, concebida nos anos 1960 e publicada nos anos 1970, foi a projeção dominante nas publicações da *National Geographic* a partir de 1988. Foi substituída pela Winkel Tripel a partir de 1998, e por diversas variações da projeção de Eckert, Mollweide, Cilíndrica Equidistante e Plate Carée, entre outras, para representação da escala global.

tor *versus* Peters teve o mérito de chamar a atenção para a variação dos fundos de mapa. No entanto, as discussões sobre a naturalização estacionaram nesse ponto e poderiam ter ido muito além.

Na polêmica Mercator *versus* Peters discutiram-se proporções continentais, mas algo bem mais importante passou despercebido. Afinal, ambas as projeções, assim como muitas outras, dão concretude literal ao termo eurocêntrico. A Europa está inevitavelmente no centro, e esse é o aspecto mais naturalizado das projeções, aliás, bem mais do que a questão da conformidade das dimensões dos continentes e dos oceanos. Se a Terra é esférica, não há razão geométrica para que a Europa fique no centro, como já se insistiu anteriormente.

É bem verdade que a naturalização da centragem europeia não é um desvio apenas da cartografia escolar. É algo mais ou menos geral. Se existe pressão para que os materiais didáticos, que em tese refletem as pesquisas científicas e o pensamento crítico, usem apenas fundos de mapas familiares e… naturalizados, em nome da boa comunicação, isso será muito mais premente para as empresas de comunicação e para diversas instituições oficiais nacionais e internacionais. Por isso, raramente vão se encontrar mapas de grande divulgação com centragem distinta da europeia, como qualquer um pode observar.

Um caso importantíssimo sobre a naturalização da centragem europeia que vale a pena ressaltar diz respeito ao logotipo da ONU. Seu histórico é muito interessante. Ele foi criado em 1945 e 1946. A projeção empregada para fazer o logotipo denomina-se *azimutal equidistante*, que permite uma representação do mundo que mostra proximidades e distribuição das terras emersas. Numa primeira versão (1945) os EUA tinham uma posição central, mas na segunda versão (1946), que afinal virou a definitiva, houve uma rotação na projeção e a Europa retornou ao centro do mapa. Observe:

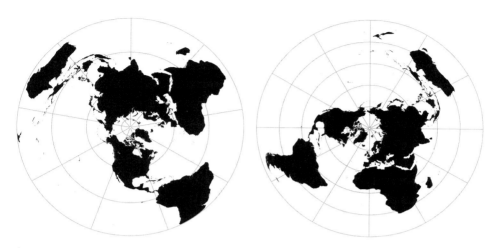

Figura 15. Logotipo da Organização das Nações Unidas (ONU): observe-se a representação azimutal equidistante e a "rotação do mundo" entre os dois símbolos, com o retorno da Europa ao centro no logotipo definitivo, em detrimento do anterior, que privilegiava os Estados Unidos (CAPDEPUY, 2011).

Tanta naturalização generalizada e oficializada está certamente incutida nas visões de mundo de todos, dos indivíduos, das crianças em idade escolar. Thomas Saarinen[95], depois da realização de vários exercícios, constatou que nos diversos países do mundo, mesmo após longo tempo do fim do colonialismo, a visão eurocêntrica continua predominante[96]. Exercícios de mesma natureza feitos no Brasil, em São Paulo, não somente com alunos em idade escolar, mas também com universitários, confirmam, esperadamente, essa dominância.

Uma das consequências visuais mais interessantes da dominância da centragem europeia é a minimização

---

[95] SAARINEN, 1999.
[96] Foram coletados mais de 3.800 esboços de planisférios feitos por crianças de 49 países e constatou-se que a visão eurocêntrica do mundo é avassaladora.

do oceano Pacífico no imaginário geral. Ora, esse segmento das águas oceânicas é cinco vezes maior que o oceano Atlântico, e essa sua condição nunca é vista, enquanto o Atlântico reina nos planisférios. Assim como a projeção Mercator subestima o hemisfério Sul, a centragem europeia subestima o pobre oceano Pacífico, sobre o qual nunca se representarão fluxos econômicos e sociais diversos, que nele ocorrem intensamente.

Não é demais relembrar que a naturalização das projeções centradas na Europa contribuiu, e muito, para a naturalização da própria divisão continental, como já foi destacado no capítulo anterior, mas ainda vale a pena mencionar um exemplo bem interessante: é comum exibir-se, no universo escolar e também na mídia, um conhecimento detalhado sobre a localização exata da linha divisória entre a Europa e a Ásia (como se isso fosse o suprassumo do saber geográfico). Em Istambul, na Turquia, teríamos o "entroncamento" dos dois continentes, precisamente separados pelo estreito de Bósforo; no território contíguo da Rússia, na altura dos montes Urais, inicia-se, "precisamente", a Ásia. Ora, essas são invenções perpetradas pelos europeus que "criaram" outro continente, mesmo sem descontinuidade territorial, a partir das áreas limítrofes em que sua dominação se encerrava, ou onde a "identidade europeia" se extinguia. O hábito de colocar a fronteira oriental da Europa sobre os Urais é uma criação do geógrafo russo Tatichtchev, no início do século XVIII, o que se coadunava com projetos geopolíticos dos europeus e dos russos da época[97]. E, ainda agora, insistimos em enxergar como natural (como se fossem dois blocos continentais estanques) essa divisão, que a rigor, em nossos tempos, não deveria fazer sentido algum; afinal, como ficará essa divisão com a entrada da Turquia na União Europeia?

---

[97] FOUCHER, 1998, 1999; LÉVY, 1997, apud BRENNETOT *et al.*, p. 28.

Considerando que as distâncias no mundo atual foram alteradas e encurtadas pelas novas condições das relações espaciais[98], sedimentando aquilo que se denomina *globalização*, a representação dessa nova realidade exige novas projeções.

Um fato importante, já mencionado, é que a parte mais importante dos fluxos mundiais (materiais e imateriais) circula na "zona do Pacífico", em especial entre os EUA e o Extremo Oriente (Japão, China e Coreia do Sul). Nesse aspecto a Europa perdeu sua centralidade. Mas essa nova centralidade do Pacífico não é tão marcada como foi a europeia e a do oceano Atlântico. O mundo é outro, bem mais relacional e multipolar. Então, não seria o caso apenas de trocar de centragem e sim de encontrar uma projeção que expressasse melhor esse mundo multirrelacional. Uma projeção que produzisse um fundo de mapa com essa condição seria de grande valia para a cartografia em geral, e para a escolar mais ainda. Mas para isso será preciso enfraquecer a blindagem que protege a naturalização da centragem europeia. Já há tentativas bem interessantes, e a mais notória é a projeção Dymaxion, criada por Buckminster Fuller e publicada pela primeira vez em 1954 (ver figura 16, p. 169).

A preocupação de Buckminster Fuller era também a de desentronizar a Europa do centro, e com isso subverter outra naturalização decorrente e incrivelmente impregnada, que é a lógica dos pontos cardeais. Ele quebra a hierarquia norte-sul dos planisférios; quebra, na verdade, a naturalização da orientação. A ideia era mostrar outras vizinhanças, outras proximidades e outras continuidades. Mostrar também as contiguidades das terras emersas, obscurecidas pelas projeções comuns. Isso se dá encontrando um ponto de vista em que os oceanos ficam à margem das terras emersas.

---

[98] LÉVY, 2003, p. 267.

Ora, num mundo que multiplica as relações materiais e imateriais exponencialmente, onde se acelera de modo antes impensável a velocidade dessas relações e se integram realidades radicalmente diferentes, a visão de mundo que essa projeção nos dá parece ser muito produtiva para as representações visuais. Mas como usar tal projeção no ambiente escolar se as orientações oficiais insistem na exigência da *orientação norte* nos mapas? Como situar a tradicional rosa dos ventos na projeção de Buckminster Fuller, que justamente quebra essa lógica congelada dos pontos cardeais no planisfério?

Seja qual for a projeção do mapa ela é necessariamente centrada sobre um lugar, o que supõe um ponto de vista. Por isso, é importante mostrar os limites que cada projeção possui por definição, os seus recortes, e revelar o melhor uso de cada uma. Algo que a literatura em cartografia já faz, mas devia fazer mais. No entanto, no universo escolar, e mesmo no acadêmico, os estudos sobre projeções são feitos em si, discutindo as estruturas internas das projeções e suas eventuais deformações quantitativas em relação à superfície terrestre, mas pouco se fala sobre a pertinência de uma ou outra projeção em relação aos fenômenos a serem representados.

As projeções cartográficas e suas aplicações

Os impactos que as projeções e suas deformações ("infidelidades geométricas") proporcionam na precisão das localizações não são importantes em mapas que representam pequenas extensões da superfície (mapas em grande escala). Quanto menor o recorte da superfície terrestre, menor será a curvatura da terra com a qual o mapa terá que lidar. Mark

Monmonier[99] destaca que os processos de produção de um mapa, tais como as generalizações e a inserção de topônimos, influem muito mais na precisão das localizações que a projeção escolhida para a representação de mapas em grande escala.

Todavia, as projeções cartográficas apresentam questões importantes a serem consideradas nos mapas de pequena escala, adequados para representações da escala mundial e continental. É nesse recorte de grandes áreas que as projeções e suas deformações têm maior impacto. Logo, é preciso conhecer as peculiaridades das projeções para se ter sob controle suas características e optar com propriedade sobre quais as projeções mais adequadas para representar temas específicos nos mapas em pequena escala.

Considerando as técnicas de construção das projeções cartográficas, o primeiro grupo de diferenças que existirá entre as projeções deve-se à escolha da figura geométrica sobre a qual será projetada a esfera de referência (que, às vezes, pode ser um elipsoide). Assim, as projeções podem ser classificadas em três famílias: planas ou azimutais, cilíndricas e cônicas.

Definida a figura geométrica o próximo passo é a escolha da posição da figura em relação à esfera de referência. Essas posições podem ser: normal (direta); transversa; oblíqua, como mostra a ilustração a seguir.

---

[99] MONMONIER, 1993.

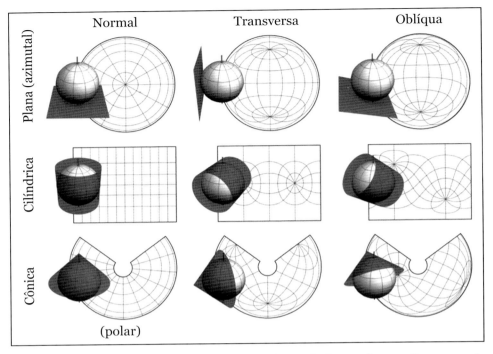

Figura 17. Classificação das projeções conforme a figura geométrica e posição da figura geométrica em relação à superfície representada. Fonte: http://www.progonos.com/furuti

Alguns comentários são importantes para o entendimento dos princípios construtivos das projeções:

1. As diferentes posições visam a cobrir partes da esfera terrestre que em outra posição não se cobririam. Por exemplo: na posição normal (também chamada de direta) da projeção cilíndrica nota-se que os polos não são cobertos, logo não serão representados, como no caso da projeção de Mercator, que consegue representar a esfera terrestre apenas até o paralelo 80°, deixando os polos de fora. Outros aspectos do posicionamento das figuras vão também interferir no resultado da projeção obtida. A figura pode tangenciar a esfera ou ser secante em relação a ela. As diferenças entre

a projeção Mercator e a projeção Gall-Peters (ambas são cilíndricas e em posição normal) devem-se ao fato de que uma é tangente e a outra é secante. Assim, a primeira manteve as formas e a segunda as proporções entre as terras emersas.

2. Nota-se na ilustração que a figura escolhida, assim como a posição em que ela receberá a projeção da esfera, corresponderá a diferentes organizações da rede de paralelos e meridianos. Essas organizações farão parte dos mapas conforme as modalidades de construção adotadas.

Isso posto, talvez o mais significativo sobre a questão de como se constroem as projeções seja apresentar o que cada projeção conservou em relação ao terreno e o que deformou. Desse ponto de vista, as projeções são denominadas como: 1. Equidistantes; 2. Equivalentes; 3. Conformes. Mas aqui é preciso muito cuidado: esses termos largamente empregados para se referir às projeções não têm sentido absoluto. Ao contrário, eles devem ser compreendidos em sua relatividade, pois nenhum tipo de projeção consegue cumprir em sua integralidade o que os termos designam.

Projeções equidistantes: mantêm a relação das distâncias entre o terreno e o mapa. Porém, apenas em determinadas direções e em algumas partes do mapa (não em toda a sua extensão).

Projeções equivalentes: manteriam a relação de áreas entre o terreno e o mapa, porém essa equivalência não é tanto em relação ao terreno, mas sim à manutenção das proporções corretas dos elementos presentes na superfície terrestre: terras emersas e oceanos. Outro aspecto: quando a projeção é equivalente, as formas das terras emersas ficam alteradas em relação ao terreno; logo, uma projeção equivalente não poderá ser conforme.

Projeções conformes: conservam os mesmos ângulos da superfície da esfera e, com isso, conseguem manter as formas do terreno, tal como os contornos das terras emersas. Para manter tal propriedade, meridianos e paralelos devem se cortar em ângulo reto no mapa. Porém, mudam extensões e modificam as proporções entre os objetos representados.

Projeções afiláticas: quando não mantêm nem a equivalência nem a conformidade, mas conseguem uma boa representação minimizando os erros de proporção e formas das terras emersas, como a projeção de Robinson[100].

Tendo em conta os princípios construtivos das projeções (dos sistemas projetivos) e as relações existentes entre propriedades da esfera conservadas e deformadas nos planisférios, o trabalho que realmente é significativo no ambiente escolar é o de refletir sobre a visualização dos fenômenos que cada projeção proporciona. Dito de outro modo: isso permite escolher projeções adequadas para cada tipo de fenômeno que se quer representar, e significa também saber avaliar (e criticar) as escolhas feitas em mapas já existentes que se apresentam à nossa observação.

As deformações vêm sendo estudadas. Veja a seguir um trecho sobre a Indicatriz de Tissot publicado no ótimo livro de André Libault, cartógrafo francês que trabalhou no Brasil:

---

[100] Essa projeção foi inicialmente desenvolvida para substituir as projeções prioritariamente cilíndricas nos atlas escolares dos Estados Unidos.

A existência das deformações era conhecida desde o início da cartografia. Sua teoria, porém implica métodos de cálculo que somente foram descobertos no século XIX. O cientista francês Tissot foi o primeiro a fornecer uma classificação racional das deformações. Ele examinou as variações de um pequeno círculo inscrito na superfície da Terra, depois de ser transformado pelas fórmulas da projeção. Qualquer que seja o tipo dessa transformação, o resultado será uma pequena elipse, mas de eixos mais ou menos desiguais. É claro que a forma da elipse deve ser diferente de um lugar para outro, dentro da área da carta, pois uma transformação que desse em todos os pontos a mesma deformação seria perfeita, facilmente transformável em uma projeção sem deformações, o que, sabemos, é impossível. Pode-se, porém, definir um sistema no qual uma propriedade se mantém constante dentro da área total da carta. Não se pode aqui entrar em detalhes quanto ao raciocínio de Tissot, mas, intuitivamente, pode-se perceber que existem somente duas possibilidades de realização destas condições: 1. Todas as elipses são de eixos iguais e, por isso, são circulares. Mas as imagens de círculos iguais na Terra são círculos desiguais na carta; 2. Todas as elipses têm a mesma área (proporcional ao círculo original); em cada ponto os eixos serão diferentes, mas o seu produto permanecerá sempre o mesmo. Fora das implicações citadas de constância, a definição das projeções pode introduzir muitos sistemas, mas nenhum será capaz de apresentar uma propriedade básica que se repita dentro da extensão total da carta[101].

Veja no mapa a seguir, um exemplo da aplicação da Indicatriz de Tissot:

---
[101] LIBAULT, 1975, p. 106.

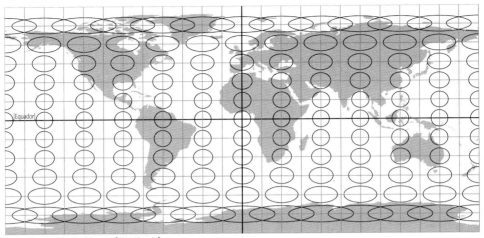

Projeção: Cilíndrica Equidistante [Plate Carrée].
Indicatriz de Tissot elaborada com o aplicativo FlexProjector. JENNY, Bernhard. Institute of Cartography, ETH Zurich e PATTERSON, Tom. US National Park Service. Disponível em: <http://www.flexprojector.com>.
Elaboração: Eduardo Dutenkefer, 2013.

Figura 18. Planisfério na projeção cilíndrica equidistante com a Indicatriz de Tissot: as elipses crescem na região polar.

O planisfério na projeção cilíndrica equidistante com a Indicatriz de Tissot mostra como um círculo na superfície terrestre vira na projeção uma elipse cada vez de área maior e mais achatada nas latitudes mais altas. Nesse caso, há tanto a modificação de área como de forma na transposição da superfície terrestre para o plano.

Uma comparação interessante a ser feita é a do gelo existente na superfície terrestre com sua representação nas diversas projeções cartográficas. Uma dupla de imagens de satélite nas projeções de Mercator e na Mercator Oblíqua de Hotine nos dará mais uma visualização interessante (ver figura 19, p. 170, e figura 20, p. 171).

A projeção de Mercator é uma projeção conforme, que mantém a forma dos continentes com relação àquela visualizada na superfície curva de um globo. Para manter as formas, há uma dilatação das superfícies que chega a dezesseis vezes nas latitudes mais altas. Os polos não podem ser representados, como já foi mencionado. Ocorre que os meridianos apresentam-se paralelos entre si e, por isso, tendem ao infinito, e na esfera terrestre os meridianos convergem e os dois pontos de convergência são justamente os polos. Como não temos polos – já que o polo é uma linha – nas altas latitudes, o que termina acontecendo é um alargamento de área. Tendo em vista o hemisfério Sul, a representação de todas essas geleiras é real?

Já a segunda projeção, chamada Mercator Oblíqua de Hotine, desloca as distorções para o oceano e traz as massas continentais num formato reconhecível. Por ser uma das projeções com menor distorção nas áreas polares a representação das geleiras no hemisfério Sul é mais real. É interessante comparar com a projeção de Mercator. Nessa última as consequências do aquecimento global, com o derretimento das geleiras, são bem mais assustadoras.

A escala cartográfica

Dos termos técnicos que circulam quando se usam mapas, o mais popular e familiar é a escala. Mas ele não é de uso exclusivo da cartografia e frequentemente há confusões quanto aos seus sentidos. São três os sentidos principais: 1. Relação de tamanho entre realidades que não precisam ser espaciais, como o tempo, por exemplo; 2. Relação de tamanho entre realidades espaciais (geográficas); 3. Escala cartográfica. Nesse último sentido é sempre bom que o qualificativo *cartográfica* acompanhe a palavra *escala*. Ele refere-se a uma relação controlada de redução entre o referente ("terreno") e o referido ("mapa"). Por exemplo: cada centímetro numa linha traçada sobre o mapa representaria 50.000 centímetros no terreno, ou 500 metros.

Tal como os outros elementos tratados sobre o fundo do mapa (a métrica e a projeção), a escala cartográfica também gera práticas que naturalizam o mapa. O primeiro aspecto naturalizado da escala cartográfica é o esquecimento de que ela se refere ao fundo do mapa; logo, ela não se relaciona diretamente com o terreno representado, e sim, antes, com a métrica escolhida (em geral, a euclidiana) e com as projeções cartográficas, para, assim mediada, se relacionar com a superfície terrestre.

Parece complicado, mas complicado é estabelecer relação direta entre o mapa e sua escala com a superfície terrestre, o que ocorre sistematicamente nas práticas acadêmicas e escolares da cartografia, quando se insiste, por costume arraigado, nos exercícios de correspondência de medidas do mapa para a realidade da superfície terrestre na escala mundial. A escala cartográfica é uma relação entre duas realidades de tamanhos e formatos (curvo e plano) diferentes. As dificuldades dessa relação estão ocultas na cartografia e devem ser desnaturalizadas.

Uma questão de grande importância se coloca: nas orientações escolares oficiais, e também nos trabalhos acadêmicos e técnicos, exige-se que cada mapa (por exemplo, um planisfério) tenha sua escala cartográfica fora do espaço do mapa. Ao lado, próximo à legenda. Ora, essa determinação é uma escolha impensada e induz o leitor a entender que a escala serve para estabelecer uma relação constante de redução proporcional, do mapa com o terreno, em toda a sua extensão. E isso é legitimado com os repetitivos exercícios de cálculo de escala e de transformação da escala numérica em escala gráfica.

Além de esses exercícios pouco implicarem no entendimento das questões geográficas propriamente ditas (principal objetivo do uso da linguagem cartográfica), mesmo do ponto de vista geométrico eles são muito equivocados, especialmente em pequenas escalas, como num planisfério. O que acontece é que se atribui uma função de medida exata à escala cartográfica, quando ela não se presta bem a isso. Observem esta figura:

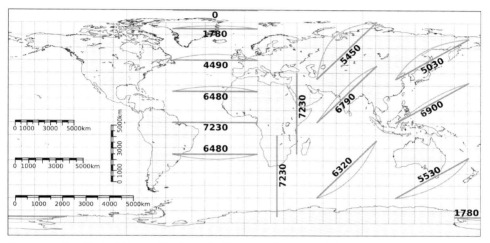

Figura 21. Devido à deformação da projeção, a escala cartográfica válida para a linha do equador não se mantém nas demais latitudes, tendendo a diminuir na medida em que estas se tornam mais elevadas. Fonte: http://www.progonos.com/furuti/MapProj/Normal/CartProp/DistPres/distPres.html

Nesse exemplo da *projeção cilíndrica equidistante*, nota-se que a escala cartográfica válida na linha do equador não é a mesma nos outros paralelos. Isso numa projeção cujo nome é equidistante, ou seja, com distâncias iguais. O fator de redução diminui em direção aos polos. Mas ela é a mesma em relação aos meridianos. Nos cortes diagonais haverá diversidade escalar, conforme a localização do corte no espaço do mapa. Obviamente não há uma escala gráfica única para esse mapa que possa ser indicada fora dele, sem posicionar sobre o segmento onde ela seria válida. Qualquer projeção terá suas variações, e isso precisa ser apontado na cartografia escolar.

O desconhecimento aqui é bastante ativo: as dificuldades para argumentar no mundo escolar, e no próprio mundo acadêmico que avalia os materiais didáticos, sobre a impertinência da menção à escala cartográfica nos termos exigidos, são grandes. Vale insistir, como faz Mark Monmonier[102], que se aplicarmos a escala cartográfica para medir a distância entre dois pontos nos mapas corremos o risco de chegar a resultados com graves erros.

Outro aspecto interessante: a escala só é uma correspondência exata em relação ao terreno em algumas partes do mapa e em medidas lineares. Porém, se a referência for área da superfície a escala não funciona. Por exemplo: para um mapa 1:100.000 (1 cm para 1 km), a relação para uma superfície de 1 km² será 1:10.000.000.000. Há dez bilhões de centímetros quadrados em um quilômetro quadrado. Tal deslocamento numérico (de linha para área) atua contra a intuição, o que é grave, tendo em conta que o ver cartográfico extrai da analogia sua força.

Felizmente já há algumas mudanças nos materiais didáticos. Por exemplo: no *Atlas escolar* do IBGE (edição de 2010) se toma o cuidado (que não se tomava antes) de indicar a escala nos planisférios nos paralelos onde a tal escala vale. Melhor ainda: o *Atlas da mundialização*[103] abdicou da menção da escala em seus planisférios. Para muitos avaliadores de materiais didáticos esses atlas estariam incorrendo num erro crasso, isso porque para eles está naturalizado que a relação escala cartográfica/medida do terreno representa uma verdade óbvia, constante em todo o mapa, e que, por isso, deve haver uma única escala cartográfica ao lado do mapa.

Porém, infelizmente, ainda perduram no universo escolar repetitivos exercícios com escalas que termi-

---

[102] MONMONIER, 1993, p. 33.
[103] DURAND *et al.*, 2009.

nam sacralizando uma presumida precisão do fundo do mapa. E, por decorrência, sacraliza a busca da localização precisa como o objetivo central da cartografia, e também da geografia. Além das armadilhas geométricas, é uma redução de possibilidades muito grave. Esse é um dos efeitos mais deletérios do mito, ainda de muito prestígio, da existência de uma verdade topográfica.

A discussão mais relevante em torno da escala cartográfica no ambiente escolar deveria focar a pertinência dos recortes escalares com os quais as realidades geográficas são representadas (local, regional, nacional etc). Isso não se faz, e se fosse feito seria o caso de enfrentar mais uma naturalização. Yves Lacoste, no final dos anos 1960, já criticava o recorte escalar naturalizado de região da geografia clássica[104]. Esse recorte ainda é muito presente nos materiais didáticos de geografia. Boa parte dos mapas refere-se à escala regional. E isso se harmoniza com a própria compartimentação dos conteúdos que corresponde a esse recorte escalar regional.

A massacrante predominância de mapas regionais obscurece as cidades, que raramente são representadas em mapas de escala cartográfica adequada (mapas de grande escala). Elas aparecem quase sempre em mapas regionais (mapas de pequena escala) e nesse caso ficam reduzidas a um ponto. Ponto esse cuja única função é localizacional. Mapas que pretendem expressar as diversas realidades geográficas precisam de escalas também variadas, mais apropriadas às lógicas dos fenômenos. Algo que a naturalização da escala regional não contempla.

Seria muito bom exercitar em sala de aula a verificação e análise crítica dos recortes escalares adotados nos mapas presentes nos materiais didáticos e em ou-

---
[104] LACOSTE, 1988, p. 74.

tras publicações. A ideia é verificar se o que se supõe a seguir será confirmado ou não. É provável que:

1. Os mapas apareçam com recortes escalares pré-fixados, como por exemplo, Brasil, Europa, Ásia, África, mundial, e assim por diante, e se repitam ao longo dos livros, sejam quais forem os assuntos tratados.

2. Os recortes escalares de maior detalhe, como por exemplo, de estruturas do ambiente urbano, sejam bem mais raros. Afinal, os próprios estudos dos espaços intraurbanos (um recorte escalar da realidade) são pouco frequentes nos materiais didáticos.

E o que importa nesse exercício? Demonstrar aos alunos que os mapas têm escalas definidas pelas formas como os dados estatísticos e outras informações são coletados. É o que acontece nos planisférios: os dados quase sempre são representados por países. Isso coloca uma questão de grande peso para a apreensão das dinâmicas geográficas atuais: há um conjunto de realidades geográficas, de fluxos, de redes de transportes, que conta muitíssimo na ordem geográfica do mundo contemporâneo, e que não é nacional, mas sim transnacional. Logo, ultrapassa os territórios nacionais e os dados estatísticos nacionais. No entanto, os mapas de escala mundial (os planisférios) são recortados invariavelmente por países, como num quebra-cabeça, como diz Christian Grataloup[105]. Esse planisfério está naturalizado e a tendência é sempre tentar enclausurar e representar dados dentro dos espaços nacionais, mesmo que digam respeito a dinâmicas mais amplas.

---

[105] Grataloup lembra que num atlas, ou numa obra didática, há uma escolha que definirá "quais são os enquadramentos considerados pertinentes dos territórios colocados em cena – e assim, portanto, em função do formato da obra, quais são as escalas consideradas pertinentes para a informação e a reflexão" (2006, p. 31).

Portanto, deve-se sempre ter sob controle como a escala contribuirá na formação das espacialidades ali representadas. Não é sem importância lembrar que o Brasil tem mapeamentos em escalas diversas, elaborados de forma não homogênea em todo o território nacional. Assim, a comparação entre mapas (cartas topográficas, por exemplo) de diferentes regiões, em diferentes escalas, pode permitir correlações e associações novas, proporcionadas pela observação de uma maior diversidade de representações.

Para encerrar este capítulo, vale reavivar nossas afirmações iniciais. O fundo do mapa (e os componentes que o estruturam) não é apenas uma base inerte e natural que funciona como suporte da linguagem, do que se quer dizer propriamente. Ele está ali, com todas as suas variações (o que desmente a pretensão de sua rigidez), deformações e possibilidades, comunicando intensamente. Nesse sentido, ele faz parte da linguagem de um mapa, e é bom que ele não seja uma linguagem involuntária.

Capítulo 4

A linguagem gráfica e suas relações com a cartografia

Foi visto que o fundo do mapa é constituído pela projeção (e nesse caso são mais de duzentas possibilidades), pela escala e pela métrica. Esses elementos ainda não são o mapa completo. É comum supor que o fundo do mapa é apenas um suporte do tema expresso pela linguagem gráfica. Mas já está claro: mais que suporte, ele também faz parte do conjunto comunicativo.

O fundo do mapa comunica em conjunto com a linguagem gráfica que foi implantada. Fundos de mapas diferentes (com projeções diversas, por exemplo) que representem o mesmo tema, com os mesmos recursos gráficos, resultarão em combinações distintas, logo em mapas com conteúdos diferentes. Por isso, o alerta: não se pode pensar a linguagem gráfica aplicada ao mapa separadamente do seu fundo.

A linguagem gráfica é aquela que procura uma comunicação efetiva de diferentes informações (dados, por exemplo) por meio de recursos visuais (símbolos, formas, cores etc.). Aplicada ao mapa ela se transforma em linguagem cartográfica. As informações visuais presentes num mapa podem ser implantadas apenas de três formas. Essas formas denominam-se *modos de implantação*.

Como representar estradas ou redes de telecomunicações num mapa? Utilizando linhas, certamente. Afinal, as linhas ligam dois ou mais pontos, e essa condição coincide com o que é uma estrada ou uma rede de telecomunicações: ligações entre pontos. Linhas de cores ou espessuras diferentes, ou tracejadas, servem para expressar tipos distintos de objetos geográficos (estradas, redes, fluxos etc). O modo de implantação nesse caso é o *linear*.

Como mostrar a localização de uma cidade num mapa que representa o território de um país, ou seja, num mapa de escala regional? Não seria melhor que fosse com um ponto? Observando mapas do tipo, nota-se que as cidades são representadas por pontos e não por linhas. A implantação de pontos tem a vantagem de possibilitar a representação do fenômeno pontual em sua localização real num mapa onde não é possível expressar a extensão do objeto (numa escala muito pequena, por exemplo). Para ter uma diversidade visual dos diferentes objetos pontuais (como cidades diversas), os pontos inseridos nos mapas podem ter diferentes cores, diferentes tamanhos, diferentes formas e símbolos. O modo de implantação nesse caso é o *pontual*.

Mas, e se o objetivo for mostrar que num dado segmento de um território qualquer se cultiva soja e em outro se cultiva milho? Provavelmente a melhor opção não seria com linhas, e tampouco com pontos. O comum é preencher as áreas do mapa com lavouras diferentes, ou então com florestas, de cores variadas (ou texturas e hachuras diversas). O modo de implantação nesse caso é o *zonal*.

As modalidades da linguagem cartográfica

A linguagem verbal é compartilhada por grandes grupos sociais nas relações sociais cotidianas. Esse meio interacional é construído espontaneamente, sem nenhum controle, a partir de estruturas comuns que permitem a comunicação. A linguagem cartográfica, por sua vez, é mais restrita e circula em meios específicos. Além disso, ela não resulta de um meio interativo; ao contrário, é produzida "artificialmente" para algumas finalidades. Logo, ela não desfruta das mesmas condições que a linguagem verbal para constituir um padrão.

O caráter produzido ("artificial") da linguagem cartográfica resulta numa diversidade de modalidades. Se um grupo de cientistas faz mapas para a exposição de descobertas aos membros dessa comunidade, a linguagem cartográfica desenvolvida e praticada tende a ser muito própria; logo, distinta de outras existentes. O que de fato acontece, por isso temos linguagens cartográficas.

Portanto, uma discussão produtiva sobre linguagem cartográfica vai exigir, antes de tudo, uma organização que tente classificar as diferentes possibilidades. O intuito é transitar por entre as possibilidades com mais consciência, uma atitude fundamental no ambiente escolar. Observando o panorama existente, identificamos três classes[106]:

Linguagem cartográfica convencional (ou baseada em convenções): neste caso, cada informação aplicada (implantada) no fundo do mapa corresponde a uma convenção definida por uma associação de cartógrafos. Define-se um conjunto de convenções, que passa a ser uma espécie de alfabeto, que deve ser seguido. Na legenda do mapa, consta a tradução verbal dessas convenções. Ocorre que um dado conjunto convencional muito utilizado passa a ser tão familiar para os usuários especialistas que, mesmo sem consultar a legenda, a linguagem cartográfica já fará sentido visualmente. Por outro lado, para um leigo que desconheça as convenções, o mapa não fará sentido. São diversos os conjuntos de convenções aplicados. Os mapas com linguagem convencional são chamados "mapas para ler", onde o observador necessitará de um tempo considerável para desvendar as informações existentes; haverá uma consulta constante da legenda para a tradução da linguagem presente

---

[106] Podem ser feitas diversas classificações. A que propomos aqui é uma possível, simples, e visa apenas a iniciar uma organização da discussão.

no mapa. Um caso clássico de mapa com linguagem gráfica convencional é a carta topográfica. As curvas de nível, as cores utilizadas na representação de objetos, os tipos de limites numa carta topográfica, por exemplo, foram convencionados para que fossem representados da mesma maneira em todos os mapas que fazem parte de um mesmo conjunto articulado.

Linguagem cartográfica que codifica a percepção visual universal (a semiologia gráfica): elaboração do grande cartógrafo Jacques Bertin que codifica a percepção comum de todas as pessoas (universal) com a identificação das variáveis da imagem e das variáveis de separação. O resultado é que a semiologia gráfica e a aplicação das informações no fundo do mapa seguirão suas regras. Por ter como base a percepção universal das pessoas, os mapas assim produzidos não serão um meio apenas para especialistas. Mapas que fazem uso da semiologia gráfica são "mapas para ver" quando se utilizam das variáveis da imagem, pois possuem a apreensão visual instantânea da geografia do fenômeno representado.

Linguagem cartográfica aleatória, sem referências rigorosas e estáveis: esta situação é muito comum e se dá quando as informações são inseridas no fundo do mapa sem critérios estáveis e sua legibilidade depende inteiramente da legenda, que funciona, nesse caso, como uma chave de interpretação. Se utilizarmos como parâmetro a semiologia gráfica, podemos constatar que mapas produzidos assim são fontes constantes de erros cartográficos e também necessitam de um bom tempo para sua compreensão.

Identificadas, grosso modo, as variedades de linguagens cartográficas, vale assinalar que há uma predominância na cartografia escolar brasileira: os mapas mais comuns são os "mapas para ler", ou seja, ou mapas que usam linguagem convencional ou, então, o que é pior, mapas com linguagem aleatória. No entanto, os mapas para ver, com base na semiologia gráfica, estão ganhando cada vez mais terreno, e, do nosso ponto de vista, isso é uma melhoria importante para a cartografia brasileira e, em especial, para a escolar.

Desde os anos 1980 circulam no Brasil trabalhos pioneiros baseados na semiologia gráfica, com novas ideias sobre o papel e as funções da cartografia nas práticas escolares e nos materiais didáticos.[107] Esses trabalhos preconizam que os mapas são instrumentos de trabalho dinâmicos e significativos para os alunos, que devem aproveitá-los como usuários e até construí-los a partir da compreensão dos elementos visuais de uma imagem. Para Roberto Gimeno (1991), a criança pode se tornar capaz de estabelecer a diferença entre um "mapa para ler" e um "mapa para ver" e perceber as vantagens deste último.

A seguir, um detalhamento destacado da semiologia gráfica e suas possibilidades.

A semiologia gráfica e os "mapas para ver"

Como foi dito, a semiologia gráfica foi codificada como uma linguagem gráfica com base no que Jacques Bertin enunciou como as leis da percepção visual e da percepção universal.

Dando mais concretude a esse enunciado pode-se dizer que a percepção visual é instantânea. Logo,

---

[107] BERTIN e GIMENO, 1982; BONIN, 1982; SANTOS e LE SANN, 1985; GIMENO, 1991; MARTINELLI, 1991; VASCONCELOS, 1993; entre outros.

em relação a um mapa, um instante de visualização basta para que se possa redesenhar "de memória" o essencial da geografia de determinado fenômeno representado. Se o mapa não possibilitar essa apreensão instantânea, provavelmente estamos diante de um "mapa para ler"[108] e não "para ver". Assim, vale a pena reter esta informação: a linguagem visual, e no caso a cartográfica, se organiza como um sistema espacial e, ao mesmo tempo, atemporal (instantâneo).

Quanto à percepção universal (comum a todos), ela é constatada com facilidade. Afinal, genericamente admite-se que todas as pessoas distinguem da mesma maneira os objetos – que uma montanha é diferente visualmente de uma planta; que duas bolas são de tamanhos diferentes (uma menor, outra maior). Simples assim. Por que não usar essas percepções para codificar uma linguagem gráfica? Afinal, será muito menos produtivo contrariar as percepções visuais que as pessoas já têm.

As variáveis visuais

Partindo das percepções mais elementares e universais, Jacques Bertin chegou a um quadro sintético das variáveis visuais que ocorrem numa imagem. Para construir a linguagem cartográfica a partir desse quadro, a regra é simples: relações diretas e pertinentes vão se estabelecer entre as informações implantadas nos mapas e os fenômenos que se queira representar, caso as variáveis visuais da imagem forem consideradas. A figura 22 (p. 172) resume de forma simplificada as variáveis visuais.

---

[108] Como já foi dito, a leitura está associada ao texto, que é sequencial, o que exige um alargamento do tempo para ser percorrido e compreendido (percebido).

Recursos gráficos para a cartografia

São chamadas variáveis visuais da imagem o tamanho e o valor. Já nas variáveis visuais de separação são normalmente utilizadas cor e forma. Originalmente, Jacques Bertin também trabalhou com as variáveis visuais de granulação e orientação, que são recursos gráficos pouco utilizados nos mapas atuais.

As variáveis visuais da imagem são aquelas que produzem os mapas para ver, pois formam a imagem geográfica instantânea do fenômeno representado. Já as variáveis visuais de separação permitem a apreensão da diversidade visual, mas não apresentam uma apreensão da geografia do fenômeno de forma imediata.

Segundo Bertin, todo mapa deve responder diretamente a duas questões básicas:

1. Num lugar qualquer, o que há?

2. Um fenômeno qualquer, onde ele está? Com essas questões elementares respondidas será visível, de imediato, a resposta a uma terceira questão:

3. Para um fenômeno representado, qual é a sua distribuição espacial?[109] E, com mais sofisticação: "Nessa distribuição espacial, qual a ordem, ou então, quais as relações de proporcionalidade?" Quando for o caso de mais de um fenômeno representado, a distribuição espacial refletirá também como se manifesta a diversidade dos fenômenos.

Isso considerado, a elaboração de Bertin procura, ao mesmo tempo, corresponder à percepção visual e universal e responder às questões geográficas elementares a que um mapa deve atender. Segundo Serge

---
[109] BERTIN, 1988, p. 45-62.

Bonin (2000), a *semiologia gráfica* constitui-se de fato numa linguagem, pois as representações gráficas são sistemas de signos que possibilitam construções comunicativas de relações de diversidade, de ordem ou de proporcionalidade existente entre os dados quantitativos ou qualitativos. Nesse domínio encontram-se a elaboração de mapas e a produção dos gráficos e das redes (organogramas ou dendogramas – diagrama de dados em forma de árvore).

Uma breve classificação permite identificar os tipos de relações visuais (e geográficas) que podem ser percebidas nos mapas e o que a semiologia gráfica expressa. Observe a tabela abaixo:

Tipos de relações visuais (e geográficas) presentes nos mapas: modalidades de representação cartográfica	
Tipo de relação	Expressão
1. Separação de objetos diferentes	Diferença qualitativa
2. Diferenças de proporção entre tamanhos e quantidades de um mesmo elemento	Tamanho, quantidade
3. Ordenamento por valores diferentes de um mesmo elemento	Ordem
4. Direcionamento de fluxos (relações) entre pontos distintos do espaço	Movimento (Dinâmica)

Os tipos de relações que podem ser expressas nos mapas – diferença, quantidade, ordem e movimento – dão origem a modalidades-padrão de representação. Saber quais são elas e entender seus princípios e finalidades é de grande importância para o domínio da linguagem cartográfica. É muito importante, ao trabalhar essas modalidades, mostrar aos estudantes (com passagens bem explícitas) como a semiologia gráfica respeita a percepção visual e universal.

Para representar as diferenças: representações qualitativas

Tenha em mente duas cores: vermelho e azul, por exemplo. Isoladamente podemos dizer que uma é o vermelho e a outra é o azul. Colocando as duas em relação, posso dizer algo mais: elas são diferentes. E basta olhar para perceber. Agora, observe o mapa da figura 23 (p. 173).

As cores estão inseridas no modo de implantação zonal. Dessa forma, encontram-se num único campo comunicativo; logo, relacionadas. Porém, não é mais uma relação somente entre elas – há também uma relação com o fundo do mapa. Nesse caso, podem ser feitas novas afirmações sobre o que está sendo visto. Mas será que nossos olhos se convenceriam de que um mesmo fenômeno pode ser representado com cores diferentes? Não, e a ideia é a seguinte: as cores são diferentes e, por isso, representam fenômenos diferentes. Trata-se de uma relação direta e simples. *Elas separam os fenômenos.*

Nos nossos espaços de vida, como se sabe, há grande diversidade geográfica. Se a ideia é representar fenômenos geográficos diferentes, os recursos visuais devem acompanhar essa lógica. A modalidade de representação cujo objetivo é separar visualmente os objetos (fenômenos, elementos) geográficos que são diferentes é a *representação qualitativa*.

No caso do mapa utilizado como exemplo, o que se quer diferenciar são os tipos de formações vegetais. O mapa terá que dar visualização à distribuição geográfica dos diferentes tipos (de forma separada, portanto), que serão representados por diferentes cores.

Esse mapa deve garantir as seguintes percepções:

1. Se há pouca ou muita diversidade de formações vegetais no mundo.

2. Se há *predominância* de algum tipo de formação vegetal, o que ficaria nítido com o predomínio de uma cor em relação às outras;

3. Como se *distribuem* as formações vegetais nos diferentes espaços. Para isso, a legenda deve ser consultada. Identificada a cor de determinada vegetação, por exemplo, pode-se ter uma ideia das áreas de predomínio de um dado tipo e mais, suas relações com a localização: se nas zonas tropicais ou temperadas, por exemplo.

Desse modo, é possível afirmar se há maior dominância de floresta pluvial tropical e subtropical no hemisfério Sul ou no hemisfério Norte, no Ocidente ou no Oriente. Qualquer descrição desse tipo, para qualquer dos tipos das formações vegetais, tem de ser viável. E, se de fato foi possível, o mapa cumpriu seu objetivo. Esse é um "mapa para ler", pois conforme Jacques Bertin será necessário um tempo para a apreensão da diversidade presente no mapa e para a formação da imagem da distribuição espacial de determinado tipo de vegetação.

Para que a distribuição espacial de um determinado tipo de formação vegetal seja percebida num "mapa para ver" (apreensão instantânea, atemporal), o recurso é produzir uma coleção de mapas onde cada tipo de formação seria representado num mapa individual. Desse modo, ganha-se na resposta para a questão de qual é a distribuição espacial da floresta temperada, por exemplo, mas perde-se na questão de quais são os tipos de formações vegetais contíguas às florestas temperadas. Esse é o ônus inevitável de toda representação qualitativa.

Para representar as quantidades: mapas quantitativos

Observe o mapa a seguir:

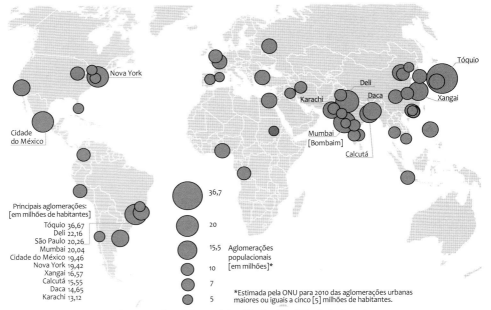

Figura 24. Aglomerações urbanas maiores ou iguais a 5 milhões de habitantes.

Para a análise desse mapa recomenda-se, por hora, que seja esquecido o que ele quis representar: aglomerações urbanas maiores ou iguais a 5 milhões de habitantes. O importante, agora, é perceber a lógica em si da linguagem desse mapa.

Nota-se que se trata de um mapa-múndi, tendo como fundo a divisão em países por continente. Nesse fundo de mapa foram implantadas informações por meio de círculos de diversos tamanhos no modo de implantação pontual, na localização de cada aglomeração representada. Observe na tabela de variáveis visuais apresentada anteriormente para identificar em que tipo de variável da imagem esses círculos se enquadram. Esses círculos inseridos nesse fundo criam dois tipos de relações:

1. **Relações entre eles**, que permitem ver que têm a mesma forma, mas alguns são maiores e outros são menores;

2. **Relações de localização**, que permitem saber onde estão os maiores e onde estão os menores, por exemplo.

Algumas relações diretas (que não contrariam a percepção visual das pessoas) entre a representação e o fenômeno são estabelecidas:

1. As figuras são as mesmas (círculos), logo é exato considerar que elas estão representando o mesmo fenômeno.

2. Os círculos têm tamanhos diferentes, logo é exato concluir que o que eles representam tem tamanhos (dimensões, quantidades) diferentes.

3. Por fim, pode-se perceber que esse mesmo fenômeno ocorre em tamanhos (ou quantidades) diferentes em uma dada distribuição geográfica mundial.

Essas afirmações foram possíveis com a observação dos aspectos visuais e das relações diretas e corretas estabelecidas. Por exemplo, *na linguagem visual cartográfica não se coloca um objeto menor para representar o fenômeno maior*.

Esse mapa é um exemplo de *mapa quantitativo*. Ele representa um fato geográfico básico: um mesmo fenômeno pode se manifestar em diversas localizações do planeta, em quantidades ou tamanhos diferentes. Dá para afirmar que qualquer pessoa é capaz de detectar visualmente a distribuição das maiores aglomerações urbanas no mundo, antes de observar o ábaco[110]. Isso é sinal de que um mapa está adequado, oferecendo a possibilidade de percepção imediata da distribuição geográfica do fenômeno urbano pela *imagem que se formou*. Trata-se um "mapa para ver".

E o que se vê? Uma dominância da presença (certa concentração) de grandes aglomerações urbanas (medidas em quantidades absolutas de habitantes) no continente asiático, e uma dispersão maior dessas aglomerações nos outros continentes.

Mapa com implantações de figuras geométricas (círculos ou quadrados, por exemplo) de tamanhos diferentes não são as únicas possibilidades de confecção de mapas quantitativos. Há, por exemplo, uma variação muito empregada, conhecida como *mapa de pontos de contagem*. Ele permite uma visão mais detalhada da distribuição quantitativa de um fenômeno qualquer numa determinada área. Assim, é possível verificar as variações das quantidades e também das densidades na distribuição de um fenômeno. Isso porque cada ponto situado no mapa diz respeito a uma área de observação. Veja o esquema gráfico a seguir, ele simula o que acontece num mapa de pontos de contagem.

---

[110] Figura esquemática inserida fora (ou dentro) do mapa que nos dá as quantidades ou medidas de (ou nos permite chegar a) cada círculo implantado no mapa.

Figura 25. As informações básicas deste esquema (que simula um mapa) são os pontos de tamanhos iguais que representam o mesmo número de habitantes. Trata-se de uma representação cuja forma de implantação da informação é zonal, pois cada ponto se aplica a uma área apreensível no mapa.

A lógica da chamada densidade demográfica pode ser exemplificada com o esquema de distribuição populacional. Imagine que numa área qualquer convivam essas três situações do esquema. Pelo sistema de pontos de contagem proposto, a maior parte da população situa-se em apenas 1/3 do território; o restante situa-se de forma dispersa nos outros 2/3 do território. Assim, pode-se apreender, visualmente, de forma instantânea onde estão as maiores e as menores densidades populacionais. Essa lógica pode ser aplicada a mapas de qualquer escala, para qualquer fenômeno que tenha expressão quantitativa.

Para representar as ordens: os mapas ordenados

Outras relações presentes nas realidades geográficas dos nossos espaços de vida exigem que se mobilizem novas modalidades de representação. Esse é o caso dos mapas ordenados. Veja um exemplo a seguir:

Densidade de povoamento - 2010

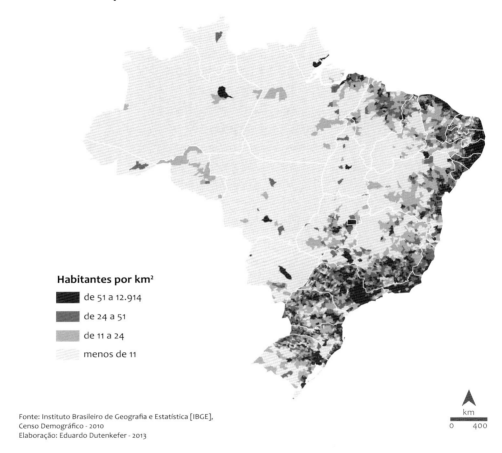

Fonte: Instituto Brasileiro de Geografia e Estatística [IBGE],
Censo Demográfico - 2010
Elaboração: Eduardo Dutenkefer - 2013

Figura 26. As informações fundamentais deste mapa formam uma ordem por meio da aplicação das gradações de cinza (ou em tonalidades de uma cor). Essa aplicação se deu no total do território de cada município, com o preenchimento na extensão de uma zona. Por isso, este mapa usa o modo de implantação zonal da variável visual valor.

Neste mapa pode-se perceber que as áreas estão preenchidas sempre com uma das quatro gradações. Observando o quadro das variáveis visuais é possível identificar em qual tipo de variável o uso de tonalidades de cinza ou de uma cor se enquadra. As tonalidades podem ser observadas em duas ordens: da mais clara à mais escura ou da mais escura à mais clara. Quer dizer: diferentes tonalidades de cinza ou de uma mesma cor geram ordens.

Aplicadas as quatro tonalidades observam-se ordens entre as diversas áreas do território brasileiro. Mas, antes, para explorar o que é uma representação ordenada e a estrutura lógica de sua linguagem, algumas afirmações podem ser feitas:

1. Está sendo usada uma única cor, o cinza, na representação. Logo, pode-se entender que se trata de um mesmo fenômeno que está sendo representado, no caso a densidade da população (demográfica).

2. O fenômeno representado é a quantidade de habitantes por quilômetros quadrados, logo, é uma relação entre dois elementos: quantidade de população ↔ território (km^2). É possível afirmar que as densidades demográficas são mais intensas na faixa litorânea (e suas cercanias)? Como há um predomínio de tonalidades mais escuras nessa área mencionada, a resposta é positiva. Isso é uma resposta visual imediata. Percebe-se imediatamente, também, o inverso: o interior do Brasil tem menores densidades demográficas. Tal ordem visual revela uma ordem regional das densidades demográficas, que é o termo geográfico para o que foi visto.

3. Nesse caso, há uma relação direta, que deve respeitar a percepção visual:

Densidade demográfica mais intensa ↔ tonalidade do cinza mais intenso (mais escura; maior a proporção de pigmentos)

Densidade demográfica menos intensa ↔ tonalidade do cinza menos intenso (mais clara; menor a proporção de pigmentos)

Os mapas ordenados nos mostram mais do que quantidades, pois com eles podem-se representar quantidades diferentes relacionadas. Por exemplo: se o objetivo for mostrar o número de trabalhadores agrícolas em cada uma das regiões brasileiras, basta obter os dados e fazer um mapa quantitativo com círculos (ou quadrados) de diferentes tamanhos. Onde os círculos forem maiores, há mais trabalhadores agrícolas em termos absolutos. Todavia, é possível relacionar os dados de trabalhadores agrícolas com o número total de trabalhadores em geral, nas regiões do Brasil. Obter essas porcentagens e produzir um mapa ordenado permitirá enxergar outra face da questão. Pode ser que uma região com muitos trabalhadores agrícolas, em termos absolutos, não seja aquela que tenha, proporcionalmente, mais trabalhadores agrícolas em relação ao conjunto. Isso vai nos permitir visualizar imediatamente quais as regiões que são mais agrícolas e as que não são. Informações como essa são de grande relevância para o entendimento das nossas realidades.

Para representar movimentos de quantidades: mapas dinâmicos

Observe as setas: ↑ →

São duas setas, com largura e comprimento iguais, mas em posições diferentes. A seta é uma figura que traz em si alguns significados. Ela indica, por exemplo, a direção de um movimento. Porém, para completar seu significado, essa direção precisa de mais um elemento: uma referência espacial. Se situada no interior de um mapa, é isso que ela dará a entender imediatamente. Observe:

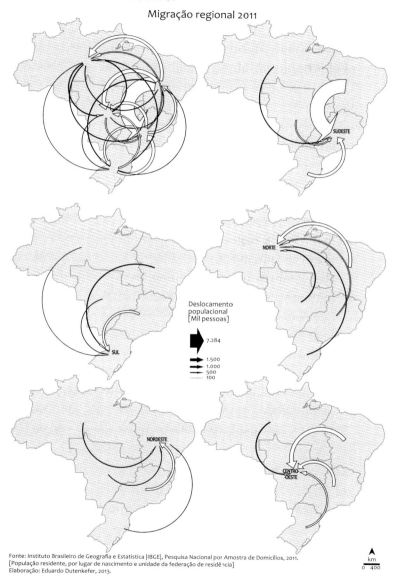

Figura 27. A coleção de mapas apresenta um primeiro mapa com o conjunto de fluxos de migração regional no Brasil e os seguintes separam esses fluxos por cada uma das regiões brasileiras. Em cada um dos mapas está presente uma série de linhas no formato de setas que indicam movimento. Esse tipo de representação faz uso do que se denomina modo de implantação linear.

Cada linha representa fluxos de migrantes no Brasil indicando o movimento realizado de uma região do país para outra. A seta, pela sua configuração, mostra a região emissora e a região receptora. Porém, cada uma delas também expressa uma quantidade de pessoas que migraram, por meio da variável visual tamanho, aqui representada pela largura das setas. Setas mais largas indicam fluxos maiores que as setas mais estreitas. Por exemplo: o fluxo Nordeste → Sudeste é visualmente o mais largo e isso guarda uma relação direta com a realidade. De fato, a migração do Nordeste para São Paulo é a maior existente. Os mapas também trazem uma informação temporal, quer dizer, um recorte do tempo em que os dados foram coletados, que no caso é o ano de 2011.

Como esses mapas presentes na coleção se coadunam com a percepção universal, trata-se de "mapas para ver". Um bom exercício é anotar o que está sendo visto diretamente no mapa. Considere que esse tipo de mapa que contém setas representando fluxos de algumas localidades para outras é denominado *mapa dinâmico* (ou representação dinâmica). Dinâmico aqui significa movimento.

O primeiro mapa da coleção apresenta o conjunto das migrações e depois são apresentadas as migrações, como já foi notado. O recurso à coleção se explica porque todos os fluxos representados em conjunto resultam numa visualização não muito eficiente, se quisermos uma expressão mais nítida do que acontece em cada região. No entanto, o emaranhado é expressivo de grande movimentação de brasileiros que procuram outros territórios e outros destinos para suas vidas. O mapa conjunto expressa uma realidade importante de nosso país: um contingente muito grande de habitantes não vive mais onde nasceu e sim em outras localidades.

Por outro lado, os mapas decompostos por região permitem uma visualização mais fina sobre a intensidade das migrações em cada região, e uma visão comparativa entre elas. Fato notório diz respeito ao Sudeste, região que ainda recepciona (já que estamos nos referindo ao ano de 2011) os maiores fluxos migratórios, especialmente aquele que se origina no Nordeste. Essa é uma realidade que se mantém no país há mais de cinquenta anos. Outros fluxos expressam novas dinâmicas no território brasileiro como fluxos importantes em direção ao Centro-Oeste, área próspera vinculada à expansão dos agronegócios, principalmente. Há também um caso interessante que é o fluxo de retorno ao Nordeste partindo do Sudeste. As observações comparativas podem se multiplicar e esses mapas, pela sua confecção clara e objetiva, permitem-nos fazer isso sem incorrer em erros.

Por fim, vale assinalar que a largura das setas dá a dimensão de cada fluxo: setas mais largas ⇨ maiores fluxos; setas mais estreitas (ou finas) → menores fluxos. Esse aspecto quantitativo expresso nos mapas permite que eles sejam chamados não somente mapas dinâmicos, mas sim, mapas dinâmicos e quantitativos.

A exposição dessa tipologia de mapas (qualitativos, quantitativos, ordenados, dinâmicos e quantitativos) é uma demonstração do potencial ainda a ser bastante explorado no ambiente escolar – e em outros meios – da semiologia gráfica. A continuidade do investimento na semiologia gráfica é um ganho notável para a cartografia escolar, por se tratar de uma linguagem estável que permite reflexão e aperfeiçoamento, o que, entre outras virtudes, contribui para o desenvolvimento cognitivo dos estudantes. Mas também é bom notar que a semiologia gráfica não tem o poder de criar sozinha todas as alternativas necessárias para que a cartografia venha a expressar a complexidade dos fenômenos espaciais contemporâneos.

A linguagem aleatória e os erros cartográficos

Uma linguagem cartográfica aleatória é aquela que não está referenciada em regras explícitas e estáveis, sejam regras convencionais, como aquelas de uma carta topográfica, sejam as derivadas da semiologia gráfica. Isso quer dizer que os mapas resultantes são por vezes únicos e se tornam inteligíveis apenas com o uso exaustivo da legenda. Sua compreensão, desse modo, não é instantânea. São mapas para ler.

Porém, algo a mais precisa ser acrescentado. Esses mapas para ler são vistos de algum modo, quer dizer, sua expressão visual não pode ser abstraída e o que eles mostram têm impacto sobre nós. Daí que podemos estar sob o efeito constante de "falsas imagens" que mapas desse tipo podem construir. Do ponto de vista da semiologia gráfica, uma análise desses mapas identifica vários erros cartográficos, que é o que será mostrado agora. São basicamente três tipos de erros cartográficos, conforme descreve Bertin[111].

1. O primeiro é a ausência de resposta visual ao tipo de relação que se quis representar. Por exemplo, uma *não ordem* quando se precisa da comunicação de uma ordenação visual, como no caso em que os dados são ordenados e precisam da variável visual valor (como tons de cinza) e terminam sendo expressos com a variável visual que distingue, como, por exemplo, cores diferentes.

---
[111] BERTIN, 1998.

2. O segundo é uma resposta visual falsa, como a transcrição de uma ordem por uma desordem visual (figura 28, p. 128). Quer dizer: usou-se a variável visual adequada (valor, no caso), mas ela não foi aplicada de maneira correta. Observe o exemplo do mapa da população feminina brasileira em 2010. Há uma ordenação das quatro classes, que indica das menores porcentagens de mulheres em relação ao total de habitantes de um município às maiores porcentagens nessa mesma relação. A relação, portanto, com a variável visual valor, deveria ser direta: o cinza mais claro para as menores porcentagens, num crescente de intensidade visual até o cinza mais escuro para as maiores porcentagens. Mas não é o que se vê no mapa. Por causa do não respeito a essa relação direta dos dados com a intensidade visual gerada pela variável visual valor, há a criação de uma percepção equivocada da geografia do fenômeno representado. E, para que seja possível verificar a correta espacialidade do fenômeno representado, é necessário que se "desfaça" da imagem gerada pelo mapa e haja o retorno à legenda com um procedimento de identificação das classes no mapa. Será um procedimento que leva tempo, já que a imagem gerada pelo mapa é perdida pelo erro, e não é certo que se chegue à resposta sobre qual é afinal a espacialidade do fenômeno?

3. O terceiro erro é a quase impossibilidade de colocar a questão de qual é a geografia do fenômeno devido à superposição de informações. São mapas com muitas variáveis onde não se podem reter as informações observadas para realizar as correlações necessárias e formar visualmente a espacialidade do fenômeno (ou fenômenos) ali representados.

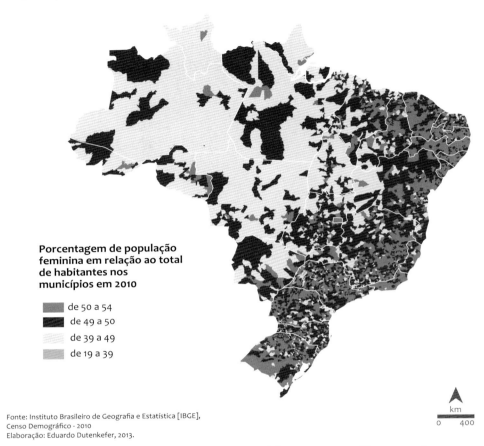

Figura 28. Mapa especialmente construído para observar o segundo erro da cartografia temática: uma ordem transcrita por uma desordem visual criando uma falsa imagem.

Capítulo 5

Os desafios da cartografia num mundo em transformação

Reconstituições históricas e análises críticas como as que foram feitas nos capítulos precedentes logicamente apontam a necessidade de ações renovadoras. Mas, no caso, não se trata apenas de uma decorrência da lógica que indica que toda área do conhecimento tem que estar sempre em renovação. Há na área de cartografia uma grande defasagem em relação à realidade, e essa é uma referência fundamental para as indicações que serão feitas neste capítulo. Qual defasagem? Aquela situada entre os mapas herdados da cartografia moderna e a dinâmica dos espaços que se quer cartografar, em todas as escalas, desde a mundial até a local.

O geógrafo Christian Grataloup fala em incompatibilidade entre as representações herdadas e a dinâmica mundial:

> *A visão dominante que temos do mundo não é a única possível, ela não tem nada de universal. Hoje, no interior de uma mundialidade [conjunto de tudo o que se manifesta e que é pertinente, no nível mundial] cada vez mais multipolarizada e misturada, torna-se difícil negligenciar as diferentes tradições, as diversas visões de mundo e as várias formas de expressão.*[112]

Isso de partida, tal como discutido no capítulo 2. No mundo contemporâneo, a visão cartográfica do mundo, provinciana, de "tradição europeia", não

---
[112] GRATALOUP, 2011, p. 2.

pode mais prevalecer, visto que, se houve sentido nisso, ele se evaporou. Não se pode correr o risco de, segundo a magnífica formulação de Grataloup, "permitir que o morto se alimente do vivo e que continuemos a perceber o futuro conforme quadros de leitura do passado"[113].

No período atual (o da globalização) multiplicam-se as relações sociais de todos os tipos numa escala que forma um mundo e, quem sabe, até chegará a uma sociedade mundial. Ora, essa malha relacional não é aleatória, ela se sustenta numa multipolaridade (multicentralidade) que não é representada propriamente por territórios nacionais, mas especialmente por redes de cidades. Porém, não somente cidades dos "países centrais, ocidentais e do norte" como Londres, Paris e Nova York, pois seria absurdo negar a importância nessa malha geográfica relacional de Tóquio, Xangai, São Paulo, Mumbai, Joanesburgo, Dubai, cidades de uma lista que continua aumentando. Indo além, Janet Abrams e Peter Hall colocam que o mapeamento surge na era da informação para fazer o complexo acessível, o oculto visível, mapear o "imapeável". À medida que lutam para orientar a torrente de dados fornecidos pela internet, e para situar-nos em um mundo em que a sociedade e o comércio foram redefinidos em termos de redes, o mapeamento tornou-se uma forma de dar sentido às coisas.[114]

Não se trata de um mundo que se faz a partir das extensões territoriais plenas, mas a partir de redes. Nessas, a multicentralidade não pode ser expressa por uma geografia simples (já não há realidades claras fiéis ao esquema *o centro e suas periferias*). O maior desafio da cartografia é como **expressar um mundo novo**, em formação, onde as **centralidades** se **multiplicam** e se diversificam, com **manifestações espaciais** que

---

[113] Idem, ibidem.
[114] ABRAMS; HALL, 2006, p. 12.

podem ser quilometricamente próximas, mas cujas formas e distâncias relativas mudam rapidamente. O fator tecnológico que interfere nas modalidades (um destaque é a incrível multiplicidade e a importância dos fluxos imateriais) e na velocidade de relações tem, nesse caso, um peso importantíssimo.

Mas como expressar essas novas centralidades que dão o tom da geografia do mundo? A dificuldade é que nossa visão de mundo continua prisioneira de um "pensamento territorial", que se expressa principalmente por meio dos mapas que buscam uma fidelidade euclidiana, privilegiando as extensões, como discutido nos capítulos anteriores. O pensamento territorial só nos dá informações limitadas e somente de um tipo.

Porém, temos que levar em conta que as relações num mundo globalizado não se dão somente entre territórios, mas também em redes, articuladas a negócios e agrupamentos populacionais específicos, cujo destaque são as grandes metrópoles.

O mapa-múndi territorial tem como um dos seus grandes personagens os países, visíveis segundo sua extensão e forma territoriais. Grataloup usa uma metáfora para caracterizá-lo: trata-se de um *puzzle*, um quebra-cabeça: "[...] os territórios são extensões contínuas e exclusivas, com limites lineares e encaixados sem solução de continuidade, exatamente como as peças de um quebra-cabeça"[115]. Observem o mapa da figura 29 (p. 174).

O *puzzle* leva imediatamente à comparação dos países, privilegia-os como elemento a ser observado, seja o que for que se queira representar. Todavia, as extensões dos territórios, suas formas e vizinhanças e as distâncias que eles expressam contam pouco e não são muito úteis para expressar o fenômeno da

---
[115] GRATALOUP, 2011, p.5. (Trecho traduzido pelos autores.)

globalização. Porém, se a ideia for representar a globalização mantendo o *puzzle* como base, o peso dessas informações territoriais se imporá, o que é um problema, pois a realidade obriga a ver o que supera os países, o que os integra e os novos espaços que daí surgem.

Fazer a crítica do mapa territorial não é suficiente. Há muito que fazer para encontrar alternativas. As redes construídas pelas relações não se deixam visualizar facilmente. A princípio é possível criar representações de fluxos mostrando o que está conectado ou não. No entanto, a visualização pode resultar em equívocos quando os fluxos são representados por linhas que ligam pontos extremos no mapa. O que o usuário vê nesse caso? Não está sendo transmitida a ideia de que somente os pontos finais daquela linha estão conectados? E os pontos pelos quais as linhas percorrem e que também sofrem os efeitos dos fluxos, como representá-los?

Um dos recursos é dar menos peso visual às massas continentais (e, por conseguinte, aos territórios dos países) e obscurecer o que se vê mais num mapa-múndi convencional: os oceanos. Assim, quer-se ressaltar a produção humana e suas relações: as redes de transporte, as redes de informações, as densidades humanas que formam as cidades, por exemplo. O site Globaia[116] faz uma cartografia do "antropoceno"[117] e propõe soluções visuais que procuram fugir de uma visão do mundo construída nos últimos quinhentos anos. Observe o mapa da figura 30 (p. 175).

Eis uma visão do mundo necessária para a compreensão do presente que o velho mapa, que insiste no *puzzle*, não conseguiria mostrar bem.

---

[116] Globaia. A cartography of the antropocene. Disponível em: www.globaia.org/en/anthropocene/#. Acesso em: 24 abr. 2013.
[117] O tempo presente, resultante da ação do homem.

As plataformas digitais na rede: as imagens de satélite

O presente coloca desafios para sua representação nos mapas. A insistência feita aqui é em que a globalização cria novas realidades que não são bem expressas nos mapas tradicionais, de dominância territorial. Porém, há uma pergunta irresistível: a própria dinâmica global não teria criado os meios visuais para apreendê-la, um "espaço cibernético" que seria o próprio espaço da globalização? Afinal, o que são as plataformas digitais na internet, como o Google Earth, que é composto de imagens de satélites e é simplesmente impressionante?[118]

No ambiente escolar, o Google Earth mostrou-se um recurso didático admirável. Afinal, como diz o geógrafo Milton Santos[119], ele é um recurso que possibilitou ao usuário comum uma visualização quase completa, atual e com incríveis possibilidades de ângulos de visão (vertical ou zenital, oblíqua e frontal) do planeta. Trata-se de um recurso que dá concretude à percepção de um planeta inteiro sob nossos olhos. Para a apreensão das paisagens geográficas não se pode conceber nada melhor, além de que permite aos alunos formas de participação inéditas.

As imagens de satélite disponíveis numa plataforma como essa realizariam o sonho da representação perfeita?[120] O problema da representação da comple-

---

[118] Os primeiros satélites foram lançados nos anos 1960. Suas imagens eram usadas para observar, por exemplo, o desmatamento do planeta já nos anos 1970, com imagens Landsat tomadas na mesma área de dezoito em dezoito dias. Muitas dessas imagens passaram a ser publicadas em materiais didáticos. Trinta anos após, o satélite Ikonos possibilitou a visualização dinâmica dos acontecimentos ao registrar o dia seguinte ao atentado de 11 de setembro em 2001, em Nova York, mostrando a fumaceira. Esse é agora o caso do Google Earth (2005), que, além da atualidade e do incrível detalhamento do que mostra, permite diversas ações interativas dos usuários.

[119] Para ele, as imagens de satélite, com sua periodicidade e disponibilidade, são um dos elementos-chave do que chama de a cognicidade geral do planeta, agora possível.

[120] Para a discussão do Google Earth como "retrato verdadeiro" da realidade, ver o artigo de Valéria Cazetta, Educação visual do espaço e o Google Earth (vide bilbiografia no final deste livro).

xidade do presente não estaria resolvido? Infelizmente (ou felizmente), a resposta não pode ser positiva. As imagens de satélites, mesmo articuladas segundo diversas resoluções espaciais[121], em plataformas engenhosas como o Google Earth, não podem substituir os mapas, pois não discursam sobre as realidades espaciais mostradas, enquanto os mapas correspondem a uma interpretação gráfica desses espaços.

Passados alguns anos da presença das imagens de satélite no mundo acadêmico, no mundo escolar e junto ao público em geral, algumas considerações podem ser feitas. Mas, para tal, é necessário ter sob controle as diferenças essenciais entre as imagens de satélite e os mapas. Há razões para isso, entre elas a de aproveitar as reais potencialidades das imagens de satélite e não fazer delas reforço de modelos tradicionais de representações visuais. A seguir, algumas das diferenças:

1. **A dessocialização das imagens de satélite:** as imagens de satélite mostram muito, mostram inclusive fenômenos que o ser humano não podia ver antes. Por exemplo, podem-se perceber em recortes de paisagem a sanidade das formações vegetais; os processos de sedimentação ligados a fenômenos erosivos; a dinâmica dos sistemas atmosféricos; processos de degradação por poluição dos cursos de água, dos mares; o desenvolvimento das lavouras, o que representa um avanço extraordinário para o controle da produtividade econômica; a indicação de presença de recursos minerais etc.

---

[121] No Google Earth, na medida em que vamos dando *zoom* em busca de mais detalhamento das paisagens, notamos que durante o procedimento, por vezes, a resolução da imagem começa a "estourar", ficando embaçada. Mas, a seguir, ela se regenera com o detalhamento esperado. Isso acontece porque nessa escala foi inserida automaticamente outra imagem, de outro sensor, adequada para essa escala de observação.

Com a melhoria da resolução espacial dos sensores, o mundo intraurbano também entrou na esfera das imagens de satélite, e certos processos puderam ser acompanhados com uma eficiência que antes não era possível. Para chegar a todas essas percepções, na maior parte das vezes as imagens de satélite são processadas e interpretadas na sua versão digital, que não é a visual. Essa é uma construção posterior. E, mais do que nunca, as inúmeras informações que as imagens de satélite podem fornecer se constituem numa fonte inesgotável e indispensável para a produção cartográfica contemporânea. No entanto, as imagens de satélite não esgotam as realidades espaciais nem enquanto fonte, pois nelas não podemos ver, por exemplo, a distribuição geográfica dos habitantes de um espaço social segundo os índices de alfabetização, ou qualquer outro índice social relevante. Isso mapas temáticos farão: há mapas que nos dão visualizações sobre densidades demográficas, sobre níveis de distribuição de renda, e nada disso é apreensível diretamente numa imagem de satélite. Diversos processos sociais que estão atuando e que dão origens às paisagens não são bem percebidos nas imagens de satélite, muito menos interpretados diretamente. A malha relacional entre os lugares (composta de fluxos materiais e imateriais), cada vez mais densa no planeta e fonte geradora de novas centralidades no mundo, não é percebida. Aqui vale remeter ao mapa Rede de Fluxos de Transportes: Aéreos, Terrestres e Marítimos, do site Globaia, apresentado anteriormente. Aquela geografia dos fluxos não é detectável nas imagens de satélite[122]. Mesmo em recortes menores da imagem onde os detalhes são privilegiados, certas estruturas geográficas do mundo urbano fundamentais para

---

[122] Trata-se de um mapa, mas, como se pode ver, que dialoga com uma imagem de satélite.

seu entendimento, como as redes geográficas, não são percebidas, a não ser por intermédio de mapas.

A questão aqui não é listar defeitos ou desvantagens das imagens de satélite em relação aos mapas. Elas são retratos da paisagem, que fazem uso de tecnologia avançada, e mostram o que elas podem mostrar, o que já é muito, inédito e incrível. Elas não mostram as realidades espaciais porque não são mapas. Esses sim são um outro gênero de representação e têm condições melhores para "socializar" os espaços, isso se seus produtores quiserem.

2. **A questão da escala integral:** as imagens de satélite, na sua versão visual, revelam os objetos que são observáveis conforme a resolução espacial do sensor. Atualmente há sensores com alta resolução espacial que detectam objetos de 40 centímetros na superfície terrestre, como se pode notar nas imagens do satélite GeoEye. Isso se obtém através do *zoom*. Mas, para que isso seja possível, o recorte da paisagem é mais restrito e vai privilegiar os detalhes. Ampliando-se o recorte, objetos menores já deixam de ser visíveis, privilegiam-se os conjuntos. No entanto, essa possibilidade descrita traz uma questão pouco notada: somente os objetos com dimensões suficientes para a capacidade do sensor serão visíveis no recorte escolhido, independentemente de sua importância. Eis aqui um fator-chave que distingue um mapa de uma imagem de satélite: trata-se da questão escalar. Na imagem de satélite temos o que pode ser designado como *escala integral*. Dito de outra forma: a escala é válida para todos os objetos ali presentes. Por sua vez, num mapa escolhem-se os objetos a serem representados, mesmo que segundo sua escala integral ele não possa ser visível. Por exemplo, um rio pode ser representado por uma linha, apesar de suas dimensões na paisagem não permitirem

que ele apareça numa imagem de satélite num dado recorte. Isso acontece frequentemente com a representação de estradas, de redes em geral. Há uma escolha, que é permitida pelos processos de seleção e generalização[123], que é um recurso cartográfico para destacar, mostrar lógicas e processos, algo que se enquadra na interpretação gráfica do espaço.

3. **O excesso de euclidianismo:** o espaço euclidiano é apenas uma forma de apreensão do espaço, tal como já mencionado outras vezes. Os fenômenos no espaço social precisam também de outras métricas para serem expressos. Resgatamos aqui a ideia do filósofo Alain Milon (2009), apresentada no capítulo 3, sobre o risco de uma "alienação de analogia". Esse risco pode ser atribuído ao "excesso de euclidianismo", que privilegia extensões e localizações e não as relações que hoje dão novos sentidos aos lugares, inclusive na escala mundial. A despeito do recurso fabuloso que o Google Earth é, boa parte do seu uso, do que se busca nele, são as localizações absolutas das coisas. E, nesse caso, essa plataforma contribui para reforçar algumas visões insuficientes das realidades espaciais.

O trabalho com imagens de satélites em sala de aula

Um dos recursos das imagens de satélites que mais se prestam às práticas no mundo escolar é a multitemporalidade presente, por exemplo, no Google Earth. Podem-se acessar imagens de certos recortes[124], de períodos diferentes. Essa possibilidade permite exer-

---

[123] Seleção e generalização são os processos de escolha e simplificação dos elementos e suas características presentes numa carta topográfica, por exemplo.
[124] Esse recurso está disponível na área de Nova York de forma espetacular.

citar finas habilidades de observação por meio do método comparativo. Por exemplo, podem-se comparar e acompanhar dinâmicas das modificações de uma paisagem, desde mudanças abruptas e em curto espaço de tempo, como no caso das regiões do litoral japonês afetadas pelo tsunami de 11 de março de 2011. Mudanças mais rotineiras, como sazonalidades específicas de culturas agrícolas, também podem ser notadas, pois é possível identificar o mês da imagem. Se essas possibilidades mencionadas forem bem exercitadas, o aluno estará preparado para a verificação de mudanças mais sutis, como a percepção de mudanças nos padrões de moradia de um ano para o outro em dadas cidades ou bairros, na organização do arruamento, ou perceberem ações de reflorestamento e muito mais.

Mapas e artes plásticas

As artes plásticas e os mapas sempre se relacionaram, mesmo que essas relações tenham variado ao longo da história da cartografia. Afinal, várias práticas de pintores e cartógrafos são comuns, a começar pela prática do desenho. Desde a cartografia mais remota (o que inclui os mapas T em O) a presença das figuras no corpo dos mapas e nas molduras remetia às iconografias artísticas dominantes de cada época. Mesmo a modernização posterior da cartografia não vai remover a iconografia artística de suas molduras, como se pode notar num mapa do século XIX que representava os domínios do Império Britânico[125] e que estava elaborado numa projeção Mercator, mas mantinha uma moldura decorada com iconografia artística.

---

[125] Mapa do mundo ilustrado a extensão do Império Britânico em 1886 (ver figura 14, p. 168).

Pode-se remeter a muitos momentos marcantes e fatos interessantes dessa relação, a começar pelo de que muitos pintores eminentes foram também cartógrafos; o caso mais célebre é o de Leonardo da Vinci. Um caso exemplar pode ser notado no fabuloso quadro de Peter Paul Rubens (1577-1640) *Os quatro continentes*, do acervo de um museu de Viena[126]. Trata-se de um óleo sobre tela pintado em 1615-1616 por esse pintor, que era flamengo, e essa sua condição no caso não é indiferente. Quando ele o pintou, vivia em Antuérpia, centro em que se desenvolvia a fabulosa escola cartográfica flamenga de Mercator, Ortelius e outros grandes nomes da cartografia moderna. No quadro, Rubens representa simultaneamente as quatro partes do mundo sob a forma de figuras femininas típicas da iconografia da época (a África é uma figura negra, e as figuras femininas – Europa, Ásia e América – têm traços europeus). Figuras masculinas representam os rios marcantes de cada um dos continentes: o Nilo, na África; o Danúbio, na Europa; o Ganges, na Ásia, e o rio da Prata, na América. Próximo às figuras femininas e masculinas há a presença de vários animais. Ora, algo que chama a atenção é a disposição da figura: ela corresponde exatamente à disposição dos continentes do mapa de Mercator, que começava a percorrer seu caminho de grande sucesso na construção de uma dada visão do mundo. Desse modo, o deslumbrante quadro aliou-se ao mapa-múndi de Mercator nessa construção.

O advento da cartografia moderna europeia e as possibilidades de novas conquistas do mundo por parte dos europeus também são tratados de forma marcante nas obras do pintor holandês Jan Vermeer (1632-1675), em que mapas aparecem constantemen-

---
[126] Kunsthistorisches Museum.

te, até em cenas domésticas triviais[127]. Mas não só: há dois deles denominados como *O geógrafo* e *O astrônomo*, que são verdadeiras homenagens da arte à cartografia, também vista, nesse sentido, como arte.

Tendo como referência o presente, as relações entre mapas e artes se mantêm. Mas suas características mudaram. A consolidação da modernidade, em especial das ciências modernas, arrastou definitivamente a cartografia para o rígido domínio das ciências, de uma dada visão de ciência que se constituiu como antípoda da atividade artística. A ciência, configurada como o campo da verdade, do existente; a arte, o campo da criação, do inexistente.

Mesmo assim, essa realidade não evitou que artistas diversos usassem os produtos cartográficos como motivos de suas criações, desde as pinturas até as manifestações mais populares do desenho, como o mundo dos quadrinhos. É nesse ponto que surge um efeito precioso: com seu aproveitamento artístico, o mapa tem sua condição de linguagem revelada, o que perturba positivamente o enrijecimento de certas visões da cartografia científica que lhe negam esse *status* de linguagem, visto como algo depreciativo para o presumido dom natural da cartografia de ser portadora de uma verdade topográfica, como dizia J. Brian Harley.

Os artistas, ao utilizarem os mapas em seus trabalhos artísticos, percebem esse enriquecimento e essa naturalização que tanto foi discutida ao longo deste livro e fazem provocações[128]. Um exemplo muito conhecido foi criado por Torres García, importante artista uruguaio, colocando a América do Sul de ponta-cabeça. Mas de ponta-cabeça mesmo? Afinal a posição con-

---

[127] No quadro *Oficial e moça sorridente* (Frick Collection, Nova York), "O mapa, impresso por William Blaeu, retrata as províncias da Holanda e da Frislândia Ocidental cercadas em bege pelo Zuidersee, pelo estuário do Reno e pelo mar do Norte na parte superior. Três dúzias de navios pequenos parecem pertencer à frota da Companhia das Índias Orientais". (BROOCK, 2012, encarte).

[128] Ver nas referências a seguir (p. 143) o artigo de Wenceslao Oliveira Jr. que trata da possível relação da cartografia escolar com a arte.

vencional da América do Sul nos mapas é uma verdade científica ou uma criação? Por outro lado, o Cone Sul só é cone se for invertido, como o fez Torres García. Também há outros exemplos notórios nos quadrinhos da Mafalda, do cartunista argentino Quino e em muitos outros, como os exemplos dados anteriormente, assim como casos que podem ser encontrados na internet, em vários sites. E podem ser objeto de algumas atividades bem interessantes em sala de aula.

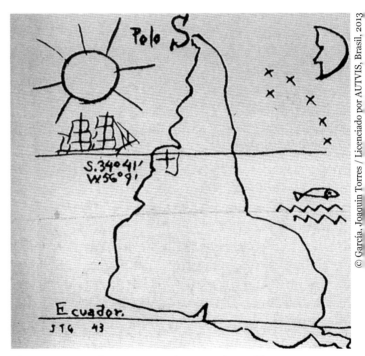

Figura 31. Joaquín Torres García, Mapa invertido, 1943.

Referências bibliográficas

ABBAGNANO, Nicola. *Dicionário de filosofia*. São Paulo: Martins Fontes, 1998. 1014 p.

ABRAMS, Janet; HALL, Peter (orgs.) *Else/where: mapping new cartographies of networks and territories*. Minneapolis: University of Minnesota Design Institute, 2006. 320 p.

ACSELRAD, Henri (org.). *Cartografias sociais e território*. Rio de Janeiro: UFRJ/IPPUR, 2008. Disponível em: http://www.ettern.ippur.ufrj.br/publicacoes/58/cartografias-sociais-e-territorio. Acesso em: 2 mai. 2013.

AGB/Associação dos Geógrafos Brasileiros. *Cartografia temática. Seleção de textos* (AGB), São Paulo, nº 18, maio, 1988. 66 p.

ALDER, Ken. *A medida de todas as coisas*. Rio de Janeiro: Objetiva, 2003. 492 p.

ALMEIDA, Rosângela Doin (org). *Novos rumos da cartografia escolar*: currículo, linguagem e tecnologia. São Paulo: Contexto, 2011. 192 p.

_____. *Cartografia escolar*. São Paulo: Contexto, 2011. 224 p.

_____; SANCHEZ, Miguel César & PICCARELLI, Adriano. *Atividades cartográficas*. 4 vols. São Paulo: Atual, 1997.

ANDERSON, Benedict. Censo, mapa museu. In: *Comunidades imaginadas*: reflexões sobre a origem e a difusão do nacionalismo. São Paulo: Companhia das Letras, 2008, p. 226-255.

ARGAN, Giulio Carlo. *Projeto e destino*. São Paulo: Ática, 2000. 334 p.

BANN, Stephen. A verdade em cartografia. In: _____. *As invenções da história*: ensaios sobre a representação do passado. São Paulo: UNESP, 1994, p. 239-262.

BERTIN, Jacques. *Neográfica e o tratamento gráfico da informação*. Curitiba: Universidade Federal do Paraná, 1986. 273 p.

_____. O teste de base da representação gráfica. *Revista Brasileira de Geografia*. Rio de Janeiro, nº 42, v. 1, p. 160-182, jan./mar. 1980.

_____. *Semiologie graphique*: les diagrammes, les réseaux, les cartes. Paris: EHESS, 1998, 452 p. (Les ré-impressions des Éditions de L'École des Hautes Études en Sciences Sociales.)

_____. Ver ou ler. *Seleção de textos* (AGB). São Paulo, nº 18, p. 45-62, maio 1988.

_____; GIMENO, Roberto. A lição da cartografia na escola elementar. *Boletim Goiano de Geografia*, nº 2, v. 1, p. 35-56, jan./jun. 1982.

BESSE, Jean-Marc. *Ver a terra*: seis ensaios sobre a paisagem e a geografia. São Paulo: Perspectiva, 2006. 108 p.

BLIN, Eric; BORD, Jean-Paul. *Initiation géo-graphique ou comment visualiser son information*. 2ª ed. Paris: Sedes, 1998. 284 p.

BOARD, Christopher. Os mapas como modelos. In: CHORLEY, Richard J. e HAGGETT, Peter (orgs.). *Modelos físicos e de informação em geografia*. Rio de Janeiro: Livros Técnicos e Científicos/Ed. da Universidade de São Paulo, 1975, p. 139-184.

BOCHICCHIO, Vincenzo R. Manual do professor. In: *Atlas mundo atual*. São Paulo: Atual, 2003. 32 p.

BONIN, Serge. Le développement de la graphique de 1967 a 1997. *Cybergeo: European Journal of Geography*, Dossiers, Colloque «30 ans de sémiologie graphique», article 144, mis en ligne le 17 novembre 2000. Disponível em: http://cybergeo.revues.org/490. Acesso em: 15 mar. 2013.

_____. Novas perspectivas para o ensino da cartografia. *Boletim Goiano de Geografia*, nº 2, v. 1, p. 73-87, jan./jun. 1982.

BORD, Jean-Paul. Géographie et sémiologie graphique: deux regards différents sur l'espace. *Cybergeo: European Journal of Geography*, Dossiers, Colloque «30 ans de sémiologie graphique», article 149, mis en ligne le 17 novembre 2000. Disponível em: http://cybergeo.revues.org/501. Acesso em: 31 jan. 2013.

BORGES, Jorge Luis. Sobre o rigor na ciência. In: *História universal da infâmia*. São Paulo: Globo, 2001, p. 117.

BRENNETOT, Arnaud; MENDIBIL Didier; ROSEMBERG, Muriel. *Getting to know Europe*: an overview based on a sample of textbooks published in various countries around the world. 7th PC-RD "Eurobroadmap" WP4 – Political visions, 2011. 114 p.

BRINGUIER, Jean-Claude. *Conversando com Jean Piaget*. Rio de Janeiro/São Paulo: Difel, 1978. 210 p.

BROOK, Timothy. *O chapéu de Vermeer*: o século XVII e o começo do mundo globalizado. Rio de Janeiro: Record, 2012. 278 p.

BRUNET, Roger. *La carte mode d'emploi*. Paris: Fayard/Reclus, 1987. 269 p.

BUENO, Beatriz P.S. Decifrando mapas: sobre o conceito de território e suas vinculações com a cartografia. *Anais do Museu Paulista: História e cultura material*, nº 12, p. 193-234, 2004. Disponível em: http://www.scielo.br/pdf/anaismp/v12n1/18.pdf. Acesso: 2 mai. 2013.

CAMBREZY, Luc; DE MAXIMY, René. *La cartographie en débat*: représenter ou convaincre. Paris: Karthala-ORSTOM, 1995. 197 p.

CAPDEPUY, Vincent. Le monde de l'ONU. Réflexions sur une carte-drapeau. Mappemonde, nº 102, vol. 3, 2011. Disponível em: http://mappemonde.mgm.fr/num30/mois/moi11201.html. Acesso em: 2 mai. 2013.

CASTI, Emanuela. Cartographie. In: LÉVY, Jacques; LUSSAULT Michel (orgs.). *Dictionnaire de la géographie et de l'espace des sociétés*. Paris: Belin, 2003, p. 134-135.

_____. Mythologies africaines dans la cartographie française au tournant du XIXe siècle. *Cahiers de Géographie du Québec*, vol. 45, 2001, nº 126, p. 429-450.

CAUVIN, Colette; ESCOBAR, Francisco; SERRADJ, Aziz. *Cartographie thématique 1*: une nouvelle démarche. Paris: Lavoisier/Hermes, 2007. 284 p.

_____. *Cartographie thématique 2*: des transformations incontournables. Paris: Lavoisier/Hermes, 2007. 269 p.

_____. Transformações cartográficas espaciais e anamorfoses. In: DIAS, Maria Helena (coord.) *Os mapas em Portugal*: da tradição aos novos rumos da cartografia. Lisboa: Cosmos, 1995, p. 267-310.

CAZETTA, Valéria. Educação visual do espaço e o Google Earth. In: Almeida, Rosângela Doin (org.) *Novos rumos da cartografia escolar*: currículo, linguagem e tecnologia. São Paulo: Contexto, 2011, p. 177-186.

CHAUÍ, Marilena. *Convite à filosofia*. São Paulo: Ática, 1995. 440 p.

CLAVAL, Paul. *Terra dos homens*: a geografia. São Paulo: Contexto, 2010. 143 p.

CRAMPTON, J. W. Are choropleth maps good for geography? *GeoWorld*, 16(1):58, 2003.

DASH, Joan. *O prêmio da longitude*. São Paulo: Companhia das Letras. 210 p.

DIDELON, Clarice; RUFFRAY, Sophie de; BOQUET, Mathias; LAMBERT, Nicolas. *A world of interstices*: A fuzzy logic approach to the analysis of interpretative maps. 2011. Disponível em: http://halshs.archives-ouvertes.fr/halshs-00598477. Acesso em: 2 mai. 2013.

DURAND, Marie-Françoise; COPINSCHI, Philippe; MARTIN, Benoît; PLACIDI, Delphine. *Atlas da mundialização*. São Paulo: Saraiva, 2009. 176 p.

_____; LÉVY, Jacques; RETAILLE, Denis. *Le monde, espaces et systèmes*. Paris: Dalloz/ Presses de la Fondation Nationale des Sciences Politiques, 1993. 597 p.

DUTENKEFER, Eduardo. Anamorfose como mapa: história, aplicativos e aplicações. In: 3º Simpósio Iberoamericano de História da Cartografia, Universidade de São Paulo / 26 a 30 de abril de 2010, Memórias do evento. Disponível em: http://3siahc.wordpress.com/memorias/#Eduardo Dutenkefer. Acesso em: 2 mai. 2013.

_____. Representações do espaço geográfico: mapas dasimétricos, anamorfoses e modelização gráfica. Dissertação (mestrado em geografia). São Paulo: FFLCH/USP, 2010. Disponível em: http://www.teses.usp.br/teses/disponiveis/8/8136/tde-25022011-115539/pt-br.php. Acesso em: 2 mai. 2013.

FERRY, Jean-Marc. *Les puissances de l'experience* (Tome II: Les ordres de la reconnaissance – Le complexe sociopolitique). Paris: Les Éditions du Cerf. 1991. 252 p.

FONSECA, Fernanda Padovesi. *A inflexibilidade do espaço cartográfico, uma questão para a geografia*: análise das discussões sobre o papel da cartografia. Tese (doutorado em geografia). São Paulo: FFLCH/USP, 2004. 250 p.

_____. A naturalização como obstáculo à inovação da cartografia escolar. *Geografares*, v. 12, p. 175-210, 2012. Disponível em: http://periodicos.ufes.br/geografares/article/view/3192. Acesso em: 2 mai. 2013.

_____; OLIVA, Jaime T. A geografia e suas linguagens: o caso da cartografia. In: CARLOS, Ana Fani Alessandri (org.). *A geografia na sala de aula*. São Paulo: Contexto, 1999, p. 62-78.

_____. Espaço e cartografia: Teoria do espaço e avaliações da cartografia e das paisagens pictóricas. In: *Territorium Terram,* v. 01, nº 01, p. 24-45, out./mar. 2012/2013. Disponível em: http://www.seer.ufsj.edu.br/index.php/territorium_terram/article/viewFile/253/337. Acesso em: 3 mai. 2013.

GIMENO, Roberto. Uma nova abordagem da cartografia na escola elementar. *Boletim Goiano de Geografia*, nº 11, v. 1, p. 104-125, jan./dez. 1991.

GINZBURG, Carlo. *Olhos de madeira*: nove reflexões sobre a distância. São Paulo: Companhia das Letras, 2001. 311p.

GIRARDI, Gisele. Leitura de mitos em mapas: um caminho para repensar as relações entre geografia e cartografia. *Geografares* (Vitória), Vitória, v. 1, p. 41-50, 2000. Disponível em: http://www2.cchn.ufes.br/geoufes/geografares/?N%FAmeros_publicados:Nr._01. Acesso em: 2 mai. 2013.

_____. Mapas alternativos e educação geográfica. *Revista Percursos*, Florianópolis, v. 13, nº 02, p. 39-51, jul./dez. 2012. Disponível em: http://www.periodicos.udesc.br/index.php/percursos/article/viewFile/2759/2196. Acesso em: 2 mai. 2013.

GOMES, Maria do Carmo Andrade. O mapa de Cantino. Rio de Janeiro: *Revista Ciência Hoje*, vol. 32, nº 187; p. 76-77, out. 2002.

GRATALOUP, Christian. *L'invention des continents*. Paris: Larousse, 2009. 224 p.

_____. L'identité de la carte. In: *Communications*, 77, 2005, p. 235-251. Disponível em: http://www.persee.fr/web/revues/home/prescript/article/comm_0588-8018_2005_num_77_1_2271. Acesso em: 2 mai. 2013.

_____. Os períodos do espaço. Rio de Janeiro: *GEOgraphia*, vol. 8, nº 16, 2006. Disponível em: http://www.uff.br/geographia/ojs/index.php/geographia/article/view/198. Acesso em: 2 mai. 2013.

_____. *Représenter le monde*. Paris, Dossier nº 8084, Documentation photographique, La Documentation Française, 2011. 64 p.

HARLEY, Brian. Mapas, saber e poder, *Confins*, 5|2009, posto online em 24 abril 2009. Trad. Mônica Balestrin Nunes. Disponível em: http://confins.revues.org/index5724.html. Acesso em: 2 mai. 2013.

_____. "Puede existir una ética cartográfica". In: *La nueva naturaleza de los mapas*: ensayos sobre la historia de la cartografía. México: Fondo de Cultura Económica, 2005, p. 239-250.

_____. A nova história da cartografia. *O Correio da UNESCO* (Mapas e cartógrafos), Brasil, ano 19, nº 8, ago. 1991, p. 4-9.

_____. Déconstruire la carte. In: GOULD, Peter; BAILLY, Antoine (orgs.). *Le pouvoir des cartes*: Brian Harley et la cartographie. Paris: Anthropos, 1995, p. 61-85.

_____. *La nueva naturaleza de los mapas*: ensayos sobre la história de la cartografia. México: Fondo de Cultura Económica, 2005. 398 p.

IBGE (Instituto Brasileiro de Geografia e Estatística). Noções básicas de cartografia. Disponível em: http://www.ibge.gov.br/home/geociencias/cartografia/manual_nocoes/indice.htm. Acesso em: 2 mai. 2013.

JACOB, Christian. *L'empire des cartes*: approche théorique de la cartographie à travers l'histoire. Paris: Albin Michel, 1992. 537 p.

JÉGOU, Laurent; ECKERT, Denis. Quel planisphère de référence pour Google Maps? *Mappemonde*, nº 92, vol. 4, 2008. Disponível em: http://mappemonde.mgm.fr/num20/internet/int08401.html. Acesso em: 2 mai. 2013.

JOLY, Fernand. *A cartografia*. Campinas: Papirus, 1990. 136 p.

KANTOR, Iris. Usos diplomáticos da ilha-brasil: polêmicas cartográficas e historiográficas. *Varia Historia*, v. 37, p. 70-80, 2007. Disponível em: http://www.scielo.br/pdf/vh/v23n37/v23n37a05.pdf. Acesso: 2 mai. 2013.

KOLACNY, A. *Informação cartográfica*: conceitos e termos fundamentais na cartografia moderna. *Geocartografia*, São Paulo, nº 2, p. 1-11, 1994.

LACOSTE, Yves. *A geografia*: isso serve, em primeiro lugar, para fazer a guerra. Campinas: Papirus, 1988. 263 p.

LÉVY, Jacques (dir.) *L'invention du monde*: une géographie de la mondialisation. Paris: Sciences Po. Les Presses, 2008. 403 p.

_____; PONCET, Patrick; TRICOIRE, Emmanuelle. *La carte, enjeu contemporain*. Dossier nº 8036, Documentation photographique, La Documentation Française, 2003. 63 p.

_____. Anamorphose. In: LÉVY, Jacques; LUSSAULT Michel (org.). *Dictionnaire de la géographie et de l'espace des sociétés*. Paris: Belin, 2003, p. 74.

_____. Carte. In: idem, p. 128-132.

_____. Distance. In: idem, p. 267-270.

_____. Échelle. In: idem, p. 284-288.

_____. Étendue. In: idem, p. 346.

_____. Euclidien (Espace). In: idem, p. 351.

_____; LUSSAULT, Michel (org.). *Dictionnaire de la géographie et de l'espace des sociétés.* Paris: Belin, 2003. 1034 p.

LIBAULT, André. *Geocartografia.* São Paulo: Nacional/EDUSP, 1975. 388 p.

LUSSAULT, Michel. Image. In: LÉVY, Jacques; LUSSAULT, Michel (org.). *Dictionnaire de la géographie et de l'espace des sociétés.* Paris: Belin, 2003, p. 485-489.

_____. Naturalisation. In: idem, p. 653-654.

MARTINELLI, Marcello. *Curso de cartografia temática.* São Paulo: Contexto, 1991. 180 p.

_____. *Gráficos e mapas*: construa-os você mesmo. São Paulo: Moderna, 1998. 120 p.

MILON, Alain. *Vers une cartographie relationnelle.* Vídeo, 15 dez. 2009. Disponível em : http://www.ludigo.net/index.php?rub=4&dossier=3&focus=212864&doc=212883&fsize=1. Acesso em: 2 mai. 2013.

MINISTÉRIO DA EDUCAÇÃO. Fundo Nacional de Desenvolvimento da Educação. Secretaria de Educação Básica. *Edital de convocação para o processo de inscrição e avaliação de coleções didáticas para o programa nacional do livro didático. PNLD 2014.* Brasília: MEC, 2012. 94 p.

MONDADA, Lorenza. Représentation. In: LÉVY, Jacques; LUSSAULT, Michel (org.). *Dictionnaire de la géographie et de l'espace des sociétes.* Paris: Belin, 2003. p. 790.

MONMONIER, Mark. *Comment faire mentir les cartes*: du mauvais usage de la géographie. Paris: Flammarion, 1993. 233 p.

_____. *Rhumb lines and map wars*: a social history of the Mercator Projection. Chicago: The University of Chicago Press, 2004. 242 p.

OLIVA, Jaime; FONSECA, Fernanda Padovesi. *Quando não é adequado indicar o norte no mapa.* Publicado em 26 out. 2008. Disponível em: http://jaimeoliva.blogspot.com/. Acesso em: 2 mai. 2013.

OLIVEIRA JR., Wenceslao Machado de. *Mapas em deriva:* imaginação e cartografia escolar. *Revista Geografares*, nº 12, p. 01-49, jul. 2012.

OLIVEIRA, Lívia de. *Estudo metodológico e cognitivo do mapa.* (Tese de livre docência.) Série Teses e Monografias (32), IGEOG/USP. São Paulo, 1978. 128 p.

PASSINI, Elza Yasuko; ALMEIDA, Rosângela Doin de. *O espaço geográfico*: ensino e representação. São Paulo: Contexto, 1990. 90 p.

PEIRCE, Charles Sanders. *Semiótica.* São Paulo: Perspectiva, 2000. 335 p.

REVEL, Jacques. *A invenção da sociedade*. Lisboa: Difel, 1989. Parte III: Configurações espaciais, p. 99-180.

RIMBERT, Sylvie. *Carto-graphies*. Paris: Hermès, 1990. 176 p.

SAARINEN, Thomas. *The eurocentric nature of mental maps of the world*. University of Texas: Research in Geographic Education, vol. 2, p. 136-178, 1999.

SALICHTCHEV, K. A. Algumas reflexões sobre o objeto e método da cartografia depois da Sexta Conferência Internacional. *Seleção de textos* (AGB), São Paulo, nº 18, p. 17-24, maio, 1988.

SANTOS, Márcia; LE SANN, Janine Gisele. A cartografia do livro didático de geografia. *Revista Geografia e Ensino*, Belo Horizonte, nº 7, v. 2, p. 3-38, junho 1985.

SANTOS, Milton. *A natureza do espaço*: técnica e tempo – razão e emoção. São Paulo: Hucitec, 1996. 308 p.

SIMIELLI, Maria Elena Ramos. Cartografia no ensino fundamental e médio. In: CARLOS, Ana Fani Alessandri (org.). *A geografia na sala de aula*. São Paulo: Contexto, 1999, p. 92-108.

SOBEL, Dava. *Longitude*: a verdadeira história do gênio solitário que resolveu o maior problema do século XVIII. São Paulo: Companhia das Letras, 2008. 144 p.

SOJA, Edward W. *Geografias pós-modernas*: a reafirmação do espaço na teoria social crítica. Rio de Janeiro: Jorge Zahar, 1993. 324 p.

TEIXEIRA, Dante Martins. Todas as criaturas do mundo: a arte dos mapas como elemento de orientação geográfica. *An. mus. paul.*, São Paulo, v. 17, nº 1, jun. 2009, p. 137-154. Disponível em: http://www.scielo.br/scielo.php?script=sci_arttext&pid=S0101--47142009000100009&lng=en&nrm=iso. Acesso em: 2 mai. 2013.

THÉRY, Hervé & MELLO, Neli Aparecida de. *Atlas do Brasil*: disparidades e dinâmicas do território. São Paulo: Edusp/Imprensa Oficial do Estado de São Paulo, 2005. 309 p.

VASCONCELOS, Regina Almeida. *Cartografia tátil e o deficiente visual*: uma avaliação das etapas de produção e uso dos mapas. Tese (doutorado em geografia física) – Programa de Pós-Graduação em Geografia Física. Faculdade de Filosofia, Letras e Ciências Humanas da Universidade de São Paulo. São Paulo, 1993. 134 p.

VENTURI, Luis Antonio Bittar (org.). *Praticando geografia*: técnicas de campo e laboratório. São Paulo: Oficina de Textos, 2005. 239 p.

VERDIER, Nicolas. Variations sur le territoire. Analyse comparée de travaux urbains: Le Havre 1789-1894. In: *Annales. Histoire, Sciences Sociales.* 57e année, n. 4, 2002, p. 1031-1065. Disponível em: http://www.persee.fr/web/revues/home/prescript/article/ahess_0395-2649_2002_num_57_4_280092. Acesso em: 2 mai. 2013.

VERNAND, Jean-Pierre. *O universo, os deuses, os homens*. São Paulo: Cia das Letras, 2000. 216 p.

XAVIER, Ismail. Cinema: revelação e engano. In: *O olhar e a cena*. São Paulo: Cosac & Naify, 2003, p. 31-57.

Sites

http://cartographie.sciences-po.fr/ – Mapoteca do Atelier de Cartographie do Institut d'Études Politiques de Paris (Sciences Po). São mais de dois mil documentos disponíveis (também em português), entre mapas, gráficos e fundos de mapa, para cópia digital e impressão. Um dos objetivos da equipe, coordenada por Marie-Françoise Durand, é que o material seja utilizado para finas didáticos.

http://www.sasi.group.shef.ac.uk/worldmapper/index.html – Quase setecentos mapas-múndi em anamorfose. Há também os dados organizados que geraram os mapas.

http://www.mapashistoricos.usp.br/ – A Biblioteca Digital de Cartografia Histórica reúne a coleção de mapas impressos do antigo Banco Santos – atualmente sob custódia do IEB/USP.

http://www.lib.utexas.edu/maps/ – Esta é a Perry-Castañeda Library – Map Collection. Ótimo site de mapas com questões atuais.

http://expositions.bnf.fr/ – Exposições virtuais da Bibliothèque Nationale de France. Veja espacialmente aquelas dedicadas aos mapas e à cartografia.

http://www.csiss.org/map-projections/index.html – Mapoteca de projeções em escala mundo disponíveis para impressão em formato A4. É um bom site para o professor selecionar projeções e exercitar a grande diversidade de representações existentes.

http://www.radicalcartography.net/?projectionref – Ver neste site especialmente as informações e visualizações das projeções cartográficas.

http://www.youtube.com/watch?v=Vanspwwxr_w

http://www.youtube.com/watch?v=o26xKwLkuP0 – A grande história dos mapas (em duas partes): de 1000 a.C. até o Google Earth, as funções dos mapas e a influência do contexto político e cientifico para a evolução da cartografia.

http://svs.gsfc.nasa.gov/index.html – Imagens e visualizações de dinâmicas disponibilizadas pelo Scientific Visualisation Studio da NASA.

http://www.cartografareilpresente.org/?lang=fr – Mapas do Comité Internationale de Bologne pour la Cartographie et l'Analyse du Monde Contemporain. Disponível em inglês, francês e italiano.

http://earthobservatory.nasa.gov/GlobalMaps/ – Visão global das dinâmicas mapeadas pelos satélites. Site da NASA.

http://www.monde-diplomatique.fr/cartes/ – Mapas do jornal francês *Le Monde Diplomatique*.

http://www.un.org/Depts/Cartographic/english/htmain.htm – Seção de cartografia da ONU.

http://www.progonos.com/furuti/MapProj/CartIndex/cartIndex.html – Completo site de Carlos A. Furuti sobre as características das projeções cartográficas. Muitos exemplos e ótimas imagens.

http://www.henry-davis.com/MAPS/carto.html – Site de mapas históricos.

http://consorcio.bn.br/cartografia/ – Projeto Biblioteca Virtual da Cartografia Histórica dos Séculos XVI a XVIII.

http://www.davidrumsey.com/collections/cartography.html – Coleção incrível de David Rumsey.

http://www.sat.cnpm.embrapa.br – Informações sobre as imagens e satélites disponíveis hoje feita pela equipe da Embrapa, com monitoramento por satélite.

http://historic-cities.huji.ac.il/mapmakers/braun_hogenberg.html – Mapas das cidades do *Atlas Civitates Orbis Terrarum*, publicado pela primeira vez em 1572.

http://memory.loc.gov/ammem/gmdhtml/ – Mapoteca da Geography and Map Division of the Library of Congress dos Estados Unidos.

http://veja.abril.com.br/complementos-materias/galeria-antes-depois/japao-antes-depois-do-tsunami.html

http://www.abc.net.au/news/specials/japan-quake-2011/ – Estes podem ser exemplos, mas na internet há muitas composições atuais feitas com imagens de satélite "antes" e "depois" de algum evento significativo que teria deixado marcas na paisagem.

https://gmaps-samples.googlecode.com/svn/trunk/poly/puzzledrag.html – Um quebra-cabeça onde os países a serem introduzidos no mapa-múndi estão em locais da projeção de Mercator, os quais sofrem as modificações de tamanho ali sujeitas.

http://myloc.gov/Education/LessonPlans/Pages/lessonplans/world/index.aspx – Proposição de aula sobre o mapa-múndi de Waldseemüller (1507), da Biblioteca do Congresso em Washington.

http://www.youtube.com/watch?v=56WKwh5P2ss&NR=1&feature=endscreen – Mapas, por Denis Lee. Uma brincadeira com os mapas e as projeções cartográficas. Os alunos vão gostar.

http://www.nytimes.com/interactive/2008/08/04/sports/olympics/20080804_MEDALCOUNT_MAP.html – Diversão visual para os alunos com linhas do tempo animadas.

http://sorisomail.com/email/129446/200-paises-200-anos-4-minutos.html – Exercício de visualização de informações muito interessante.

http://www.nasa.gov/centers/ames/mov/68946main_facet24.mov – Um dia do tráfego aéreo dos Estados Unidos.

http://owni.eu/2011/12/09/the-best-maps-of-2011/ – Relação dos melhores mapas de 2011.

http://show.mappingworlds.com/world/ – Animações de anamorfoses em diversos temas.

http://materialcartografiaescolar.arteblog.com.br/ – Blog do geógrafo Gérson Rodrigues Leite com propostas de exercícios de cartografia para aplicação em sala de aula. As proposições de ábacos e moldes para lousas são inventivas e descritas passo a passo.

http://confins.revues.org/ – *Confins* é uma revista franco-brasileira de geografia onde a cartografia tem espaço garantido. Coordenação editorial de Neli A. de Mello-Théry e Hervé-Théry.

Anexo A
Mapas em cores

cartografia **161**

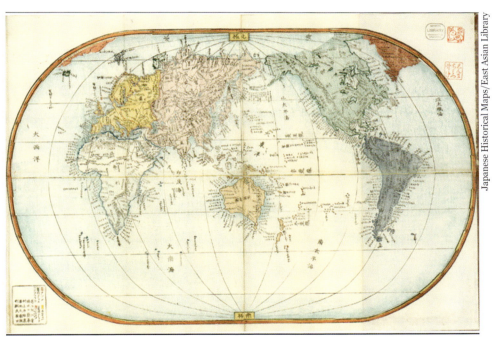

Figura 1. Mapa-múndi japonês de 1853 mostra o Japão e o oceano Pacífico em posição centralizada.

*Oriente
(leste, levante)*

Figura 2. Mapa T em O aparece numa edição das *Etymologiae* de Isidoro de Sevilha (Augsburgo, 1472). Este mapa, feito por volta do ano de 630 d.C., ilustra sua *Geografia*.

cartografia **163**

Figura 3. Os mapas produzidos por Claudio Ptolomeu, que viveu no primeiro século da era cristã, foram reintroduzidos na Europa no século XV, retomando a tradição das coordenadas geográficas, abandonadas durante a época medieval.

Biblioteca Estense e Universitária, Modena, Itália

Figura 4: O planisfério de Cantino (1502) era um grande pergaminho ilustrado (105 x 220 cm), de autor desconhecido, que foi encomendado pelo duque de Ferrara, representante de uma poderosa linhagem de comerciantes da Itália renascentista, a seu agente Cantino, que teria que conseguir em Portugal um mapa das recentes descobertas marítimas com o objetivo de conhecer as possibilidades de comércio com o Oriente para concorrer com as rotas do Mediterrâneo.

cartografia **165**

Figura 5. No planisfério de Waldseemüller, pela primeira vez surge a palavra "América". Confeccionado no ano de 1507, em Saint-Dié-des-Vosges, na França, desde 2003 está na Biblioteca do Congresso dos Estados Unidos, em Washington.

Library of Congress Geography and Map Division, Washington DC, EUA

Figura 8. Este mosaico, conhecido como mapa de Madaba, data do século VI d.C. Tem 25 metros quadrados e foi encontrado em uma igreja bizantina, na atual Jordânia.

cartografia **167**

Figura 10. Mapa elaborado por Harry Beck em 1933 que revolucionou a forma de representação dos mapas de metrô e de transportes em geral.

British Library, Londres, Reino Unido

Figura 14. Mapa do mundo ilustrando a extensão do Império Britânico em 1886, publicado pela primeira vez sob a forma de um suplemento no jornal *Graphic*. Uma projeção de Mercator, uma pintura cor-de-rosa para o território do império e emblemas decorativos mostrando a Grã-Bretanha sentada sobre o globo servem para articular a mensagem do "Novo Imperialismo" (Harley, 2009). O mapa também está centrado em Greenwich, definido como padrão internacional em outubro de 1884.

cartografia **169**

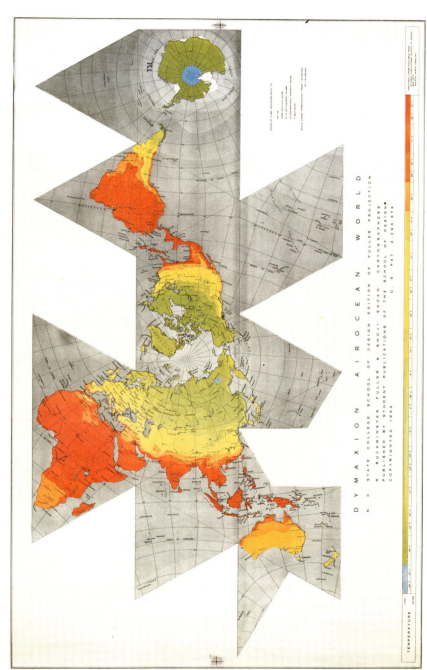

Figura 16. Projeção Dymaxion, criada por Buckminster Fuller. O termo "Dymaxion" é um compósito das palavras *dinâmica*, *máximo* e *íon*, cujo sentido pretendido é "fazer mais com menos".

The Fuller Projection Map design is a trademark of the Buckminster Fuller Institute. ©1938, 1967 & 1992. All rights reserved. www.bfi.org

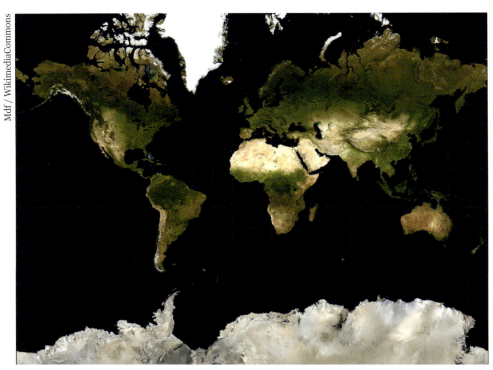

Figura 19. Imagem de satélite na projeção de Mercator.

Figura 20. Imagem de satélite na projeção Mercator Oblíqua de Hotine.

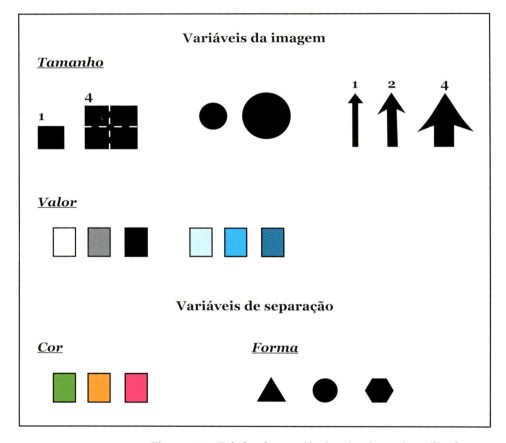

Figura 22. Tabela das variáveis visuais mais utilizadas no ambiente escolar. O quadro completo pode ser visto em diversas obras, a partir da fonte original de Jacques Bertin, na obra *Sémiologie graphique*, de 1967.

cartografia **173**

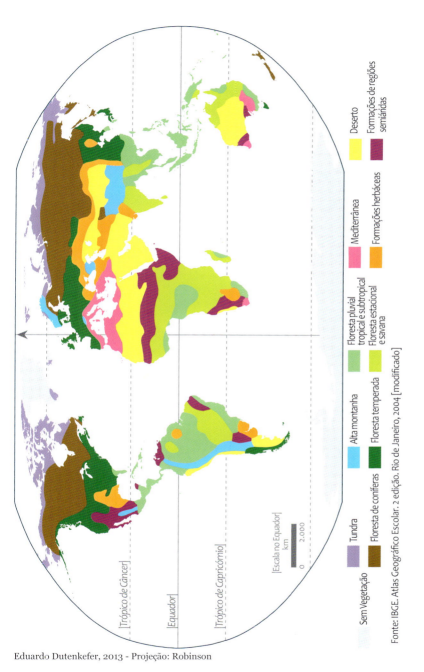

Eduardo Dutenkefer, 2013 - Projeção: Robinson

Figura 23: Formações vegetais mundiais, onde cada cor representa uma região diferente. A informação fundamental deste mapa é a separação visual das diversas regiões por intermédio das cores. Elas foram implantadas preenchendo zonas do mapa: trata-se de um exemplo de modo de implantação zonal.

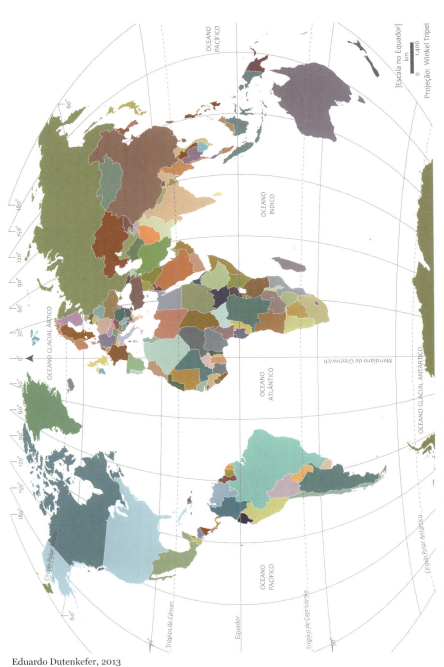

Figura 29. Mapa-múndi com divisão política dos países.

Eduardo Dutenkefer, 2013

cartografia **175**

Globaia

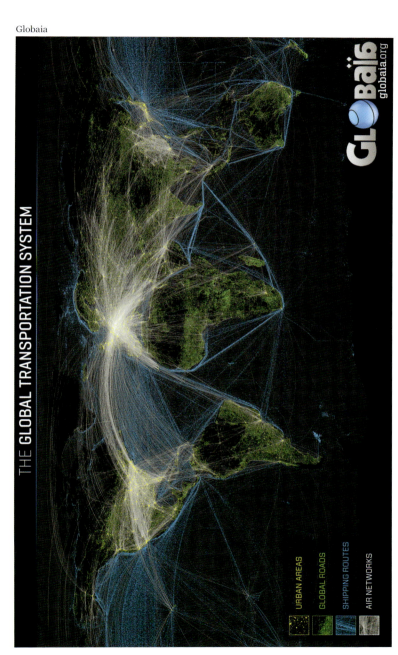

Figura 30. Rede de fluxos de transportes: aéreos, terrestres e marítimos.

Os autores

Fernanda Padovesi Fonseca é geógrafa e professora de cartografia do Departamento de Geografia da Universidade de São Paulo, onde fez doutorado com a tese *A inflexibilidade do espaço cartográfico, uma questão para a geografia*. Desde 1997 atua no Ensino Superior e publicou livros didáticos para o Ensino Fundamental, assim como vários artigos que tratam da representação cartográfica do espaço geográfico, tanto na pesquisa científica como no ensino.

Jaime Oliva é geógrafo, professor e pesquisador do Instituto de Estudos Brasileiros (IEB) da Universidade de São Paulo. Doutorou-se com tese sobre a automobilização da cidade de São Paulo e publicou várias obras didáticas para o Ensino Fundamental e o Ensino Médio, com destaque para *Espaço e modernidade (Temas da geografia mundial e do Brasil)*. Desenvolve no IEB pesquisa sobre as imagens e as representações cartográficas da cidade de São Paulo.